Prima Vista 3b

Susanna Király

www.lumo.org

© Susanna Király
Kustantaja: BoD - Books on Demand, Helsinki, Suomi
Valmistaja: BoD - Books on Demand, Norderstedt, Saksa
ISBN: 978-952-498-251-1

Sisällysluettelo 3b

Sisällysluettelo 3b

Rytmikuviot

Oktaavialat

3b

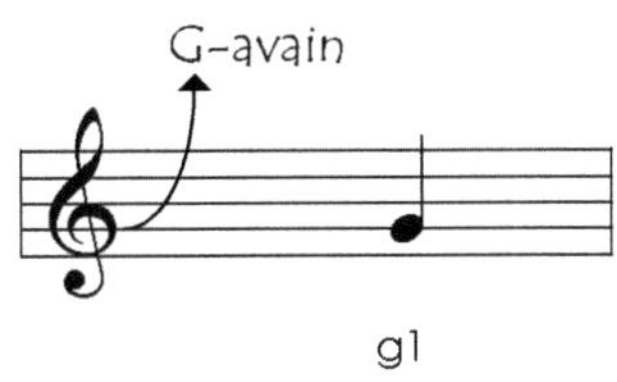

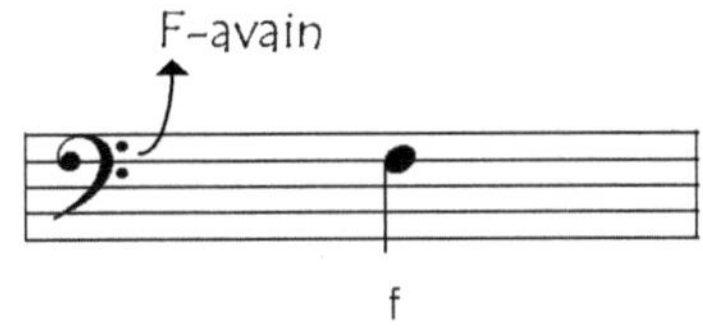

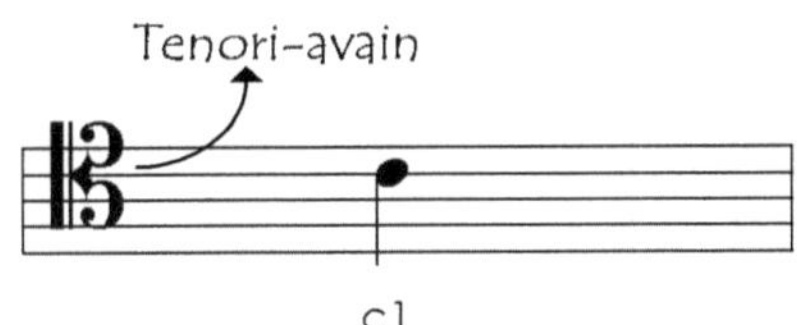

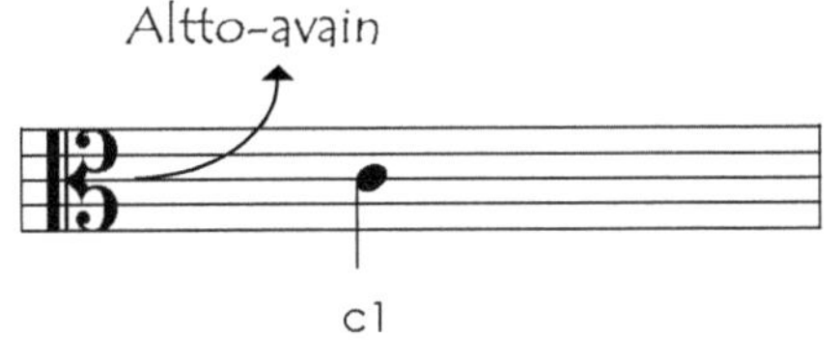

Asteikot

3b

C-duuri + a-molli
C: do re mi fa so la ti do'   a: la, ti, do re mi fa so la
G-duuri + e-molli
G: do re mi fa so la ti do'   e: la, ti, do re mi fa so la
F-duuri + d-molli
F: do re mi fa so la ti do'   d: la, ti, do re mi fa so la
D-duuri + h-molli
D: do re mi fa so la ti do'   h: la, ti, do re mi fa so la
B-duuri + g-molli
B: do re mi fa so la ti do'   g: la, ti, do re mi fa so la
A-duuri + fis-molli
A: do re mi fa so la ti do'   fis: la, ti, do re mi fa so la
Es-duuri + c-molli
Es: do re mi fa so la ti do'   c: la, ti, do re mi fa so la
E-duuri + cis-molli
E: do re mi fa so la ti do'   cis: la, ti, do re mi fa so la
As-duuri + f-molli
As: do re mi fa so la ti do'   f: la, ti, do re mi fa so la
H-duuri + gis-molli
H: do re mi fa so la ti do'   gis: la, ti, do re mi fa so la
Des-duuri + b-molli
Des: do re mi fa so la ti do'   b: la, ti, do re mi fa so la
Fis-duuri + dis-molli
Fis: do re mi fa so la ti do'   dis: la, ti, do re mi fa so la
Ges-duuri + es-molli
Ges: do re mi fa so la ti do'   es: la, ti, do re mi fa so la
Cis-duuri + ais-molli
Cis: do re mi fa so la ti do'   ais: la, ti, do re mi fa so la
Ces-duuri + as-molli
Ces: do re mi fa so la ti do'   as: la, ti, do re mi fa so la

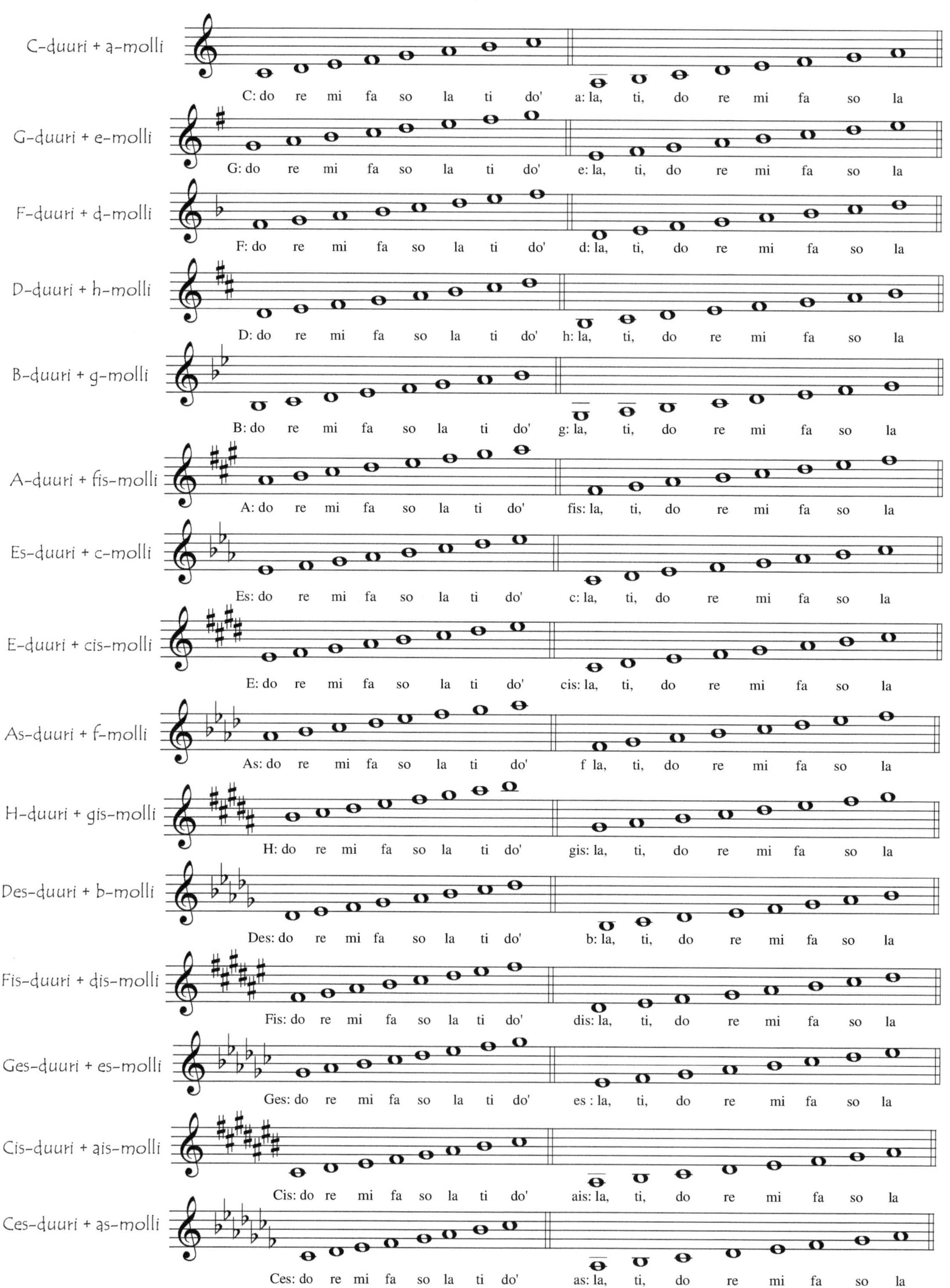

Harmoniset molliasteikot

3b

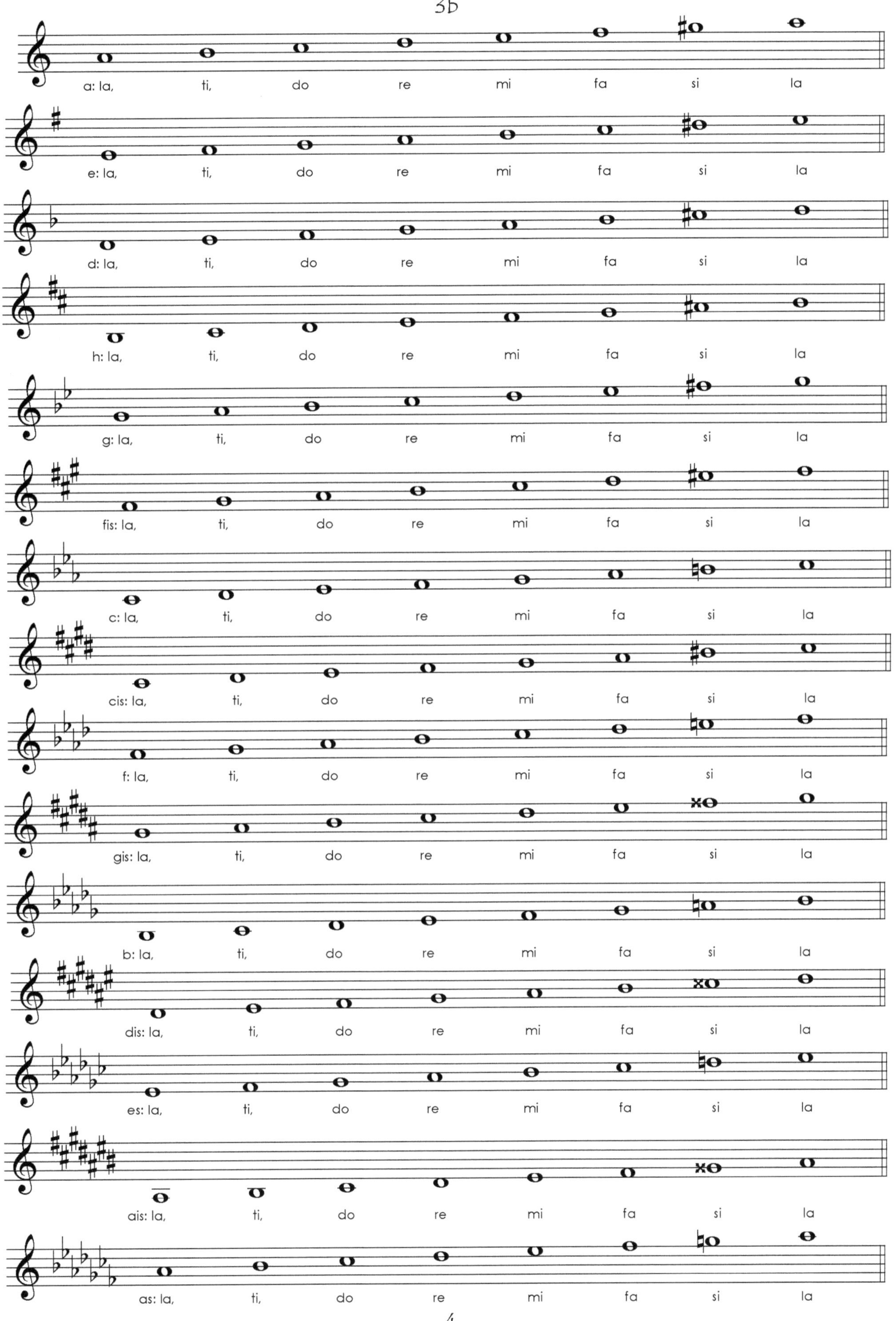

4

Melodiset molliasteikot
3b
a: la, ti, do re mi fi si la so fa mi re do ti, la,
e: la, ti, do re mi fi si la so fa mi re do ti, la,
d: la, ti, do re mi fi si la so fa mi re do ti, la,
h: la, ti, do re mi fi si la so fa mi re do ti, la,
g: la, ti, do re mi fi si la so fa mi re do ti, la,
fis: la, ti, do re mi fi si la so fa mi re do ti, la,
c: la, ti, do re mi fi si la so fa mi re do ti, la,
cis: la, ti, do re mi fi si la so fa mi re do ti, la,
f: la, ti, do re mi fi si la so fa mi re do ti, la,
gis: la, ti, do re mi fi si la so fa mi re do ti, la,
b: la, ti, do re mi fi si la so fa mi re do ti, la,
dis: la, ti, do re mi fi si la so fa mi re do ti, la,
es: la, ti, do re mi fi si la so fa mi re do ti, la,
ais: la, ti, do re mi fi si la so fa mi re do ti, la,
as: la, ti, do re mi fi si la so fa mi re do ti, la,

Intervallit

I. ryhmä: 1, 4, 5, 8

Vähennetty < Puhdas < Ylinouseva
0,5   0,5

II. ryhmä: 2, 3, 6, 7

Vähennetty < Pieni < Suuri < Ylinouseva
0,5   0,5   0,5

KÄÄNNÖKSET:

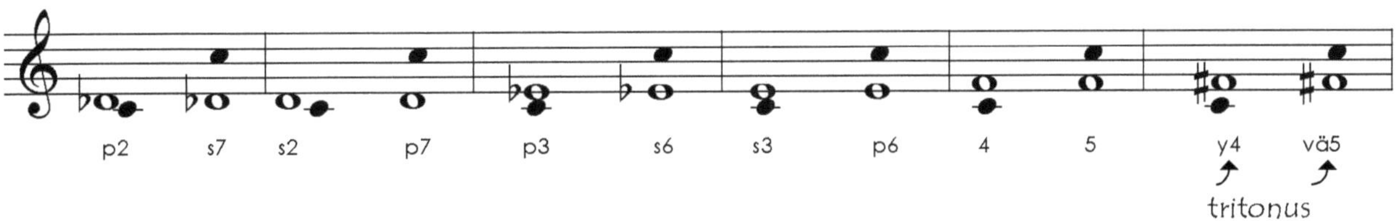

Kolmisoinnut ja käännökset

3b

Asteet ja käännökset
3b

Duurissa:

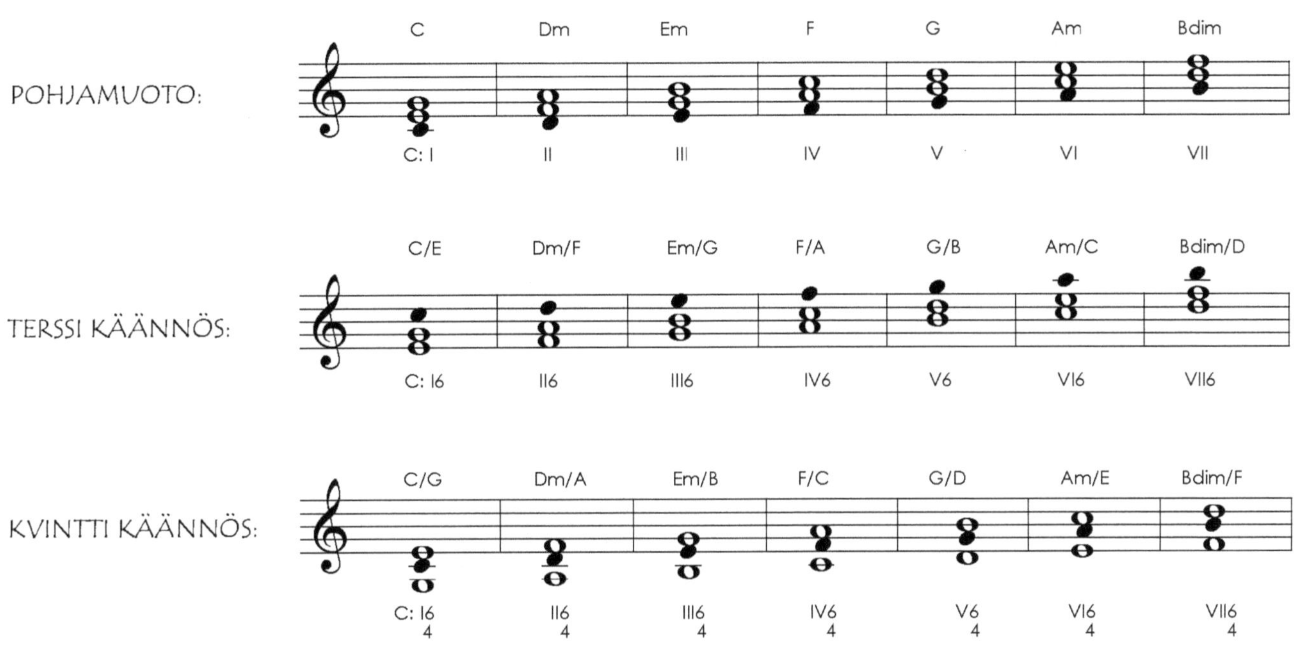

Mollissa:

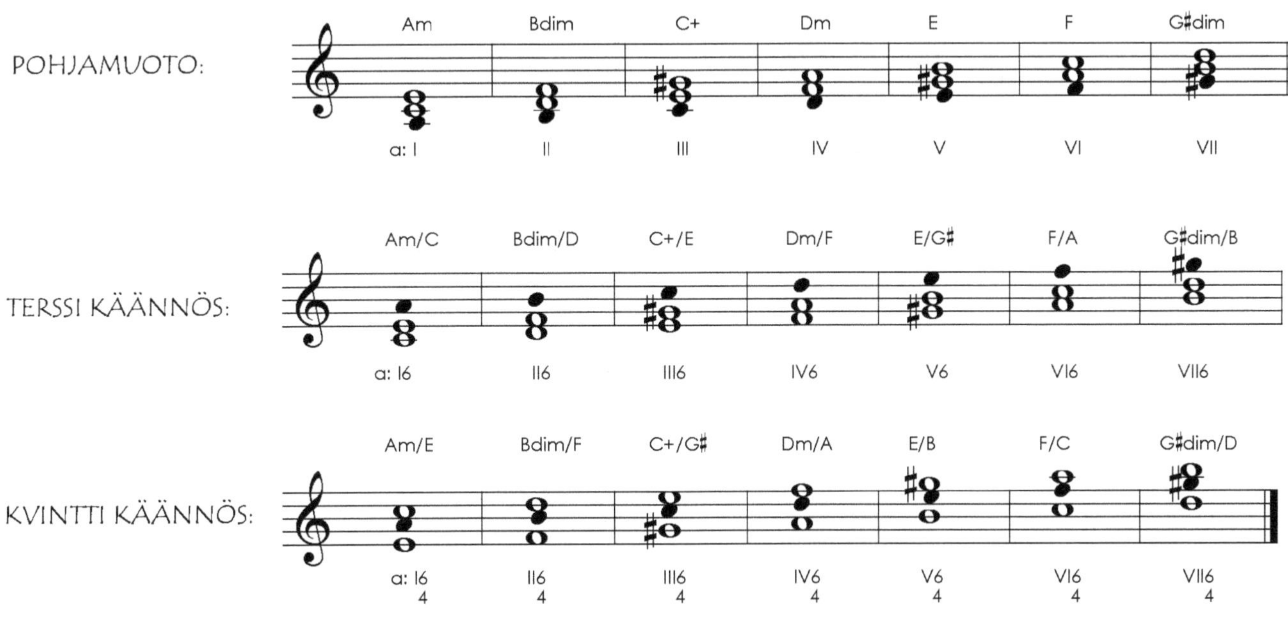

Nelisoinnut ja käännökset

3b

Duurissa:

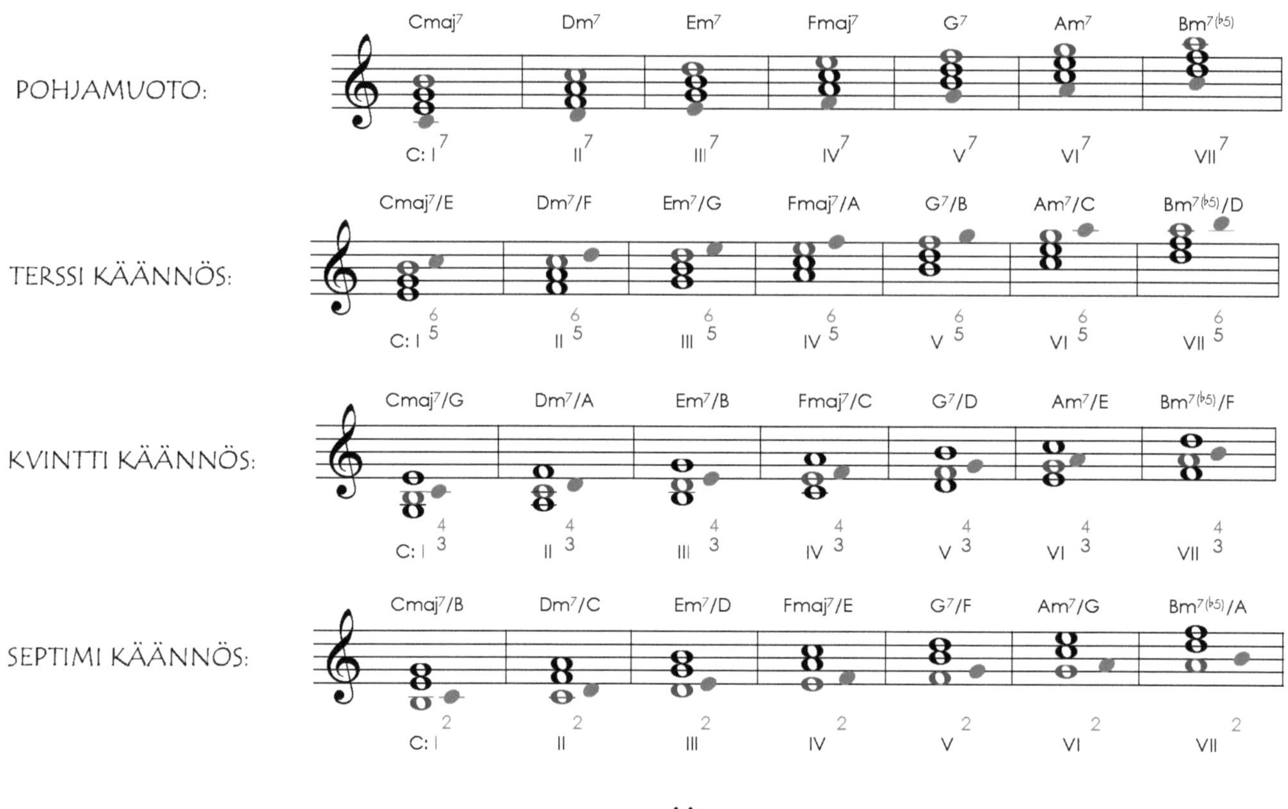

Mollissa:

Kadenssit ja funktiot
3b

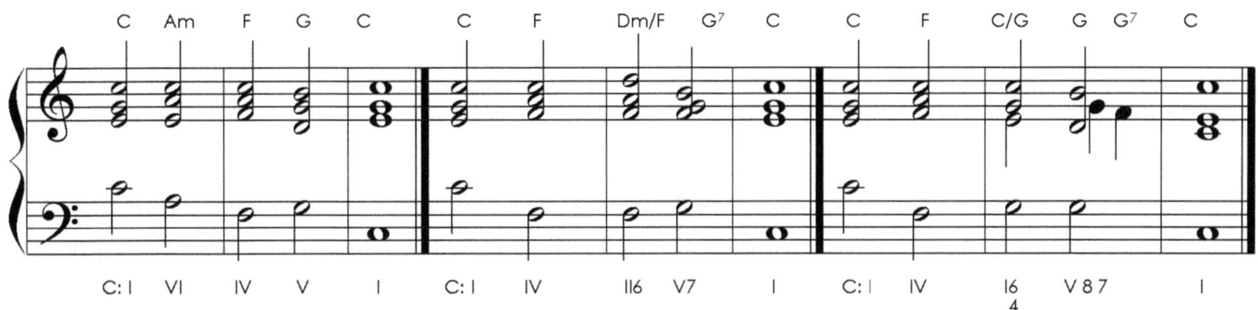

Funktiot:

T = Toonika (perussointu)

M = Mediantti (sijaissointu)

S = Subdominantti (leposointu)

D = Dominantti (huippusointu)

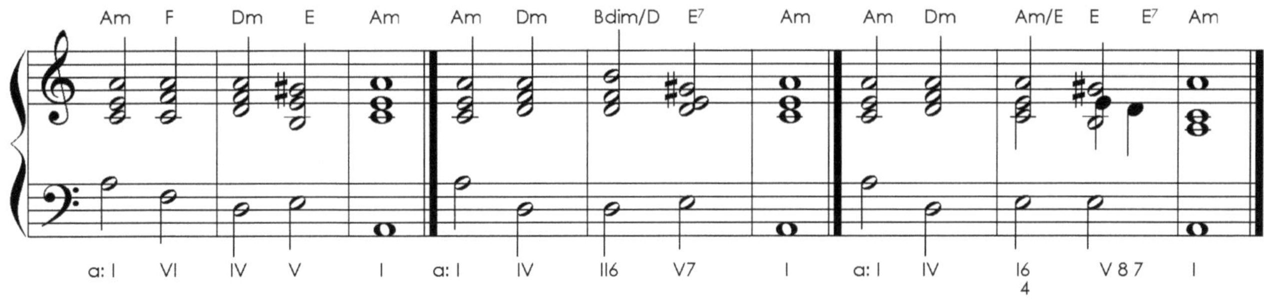

Säveltapailu 3b

Tehtäväsivu nro 1

TRITONUS JA PURKAUS

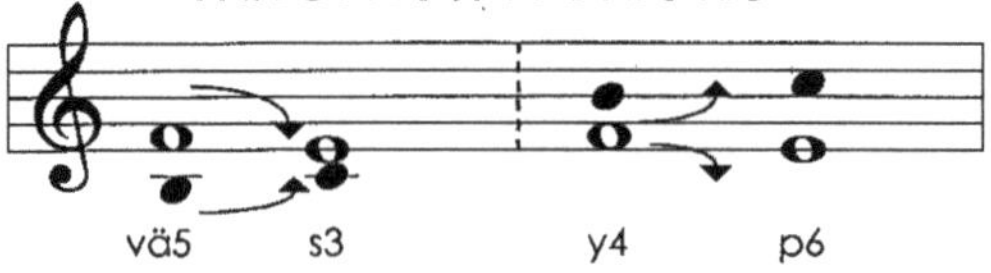

DUURI-INTERVALLIT:

MOLLI-INTERVALLIT:

Tunnista intervallit:

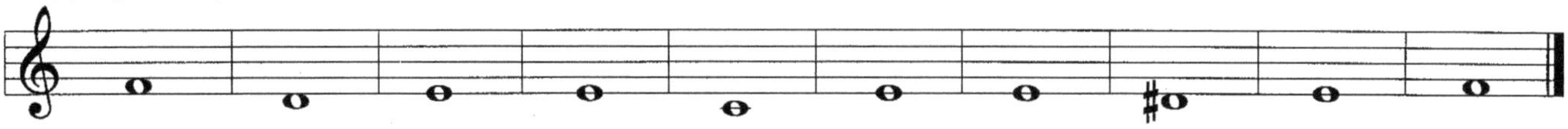

Rytmitapailu:

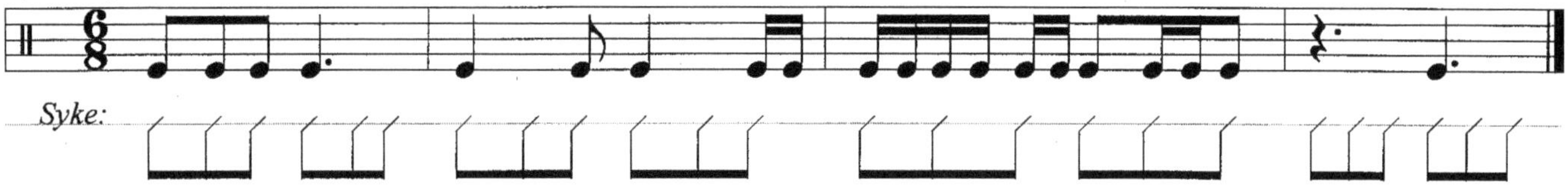

Syke:

Rytmisanelu:

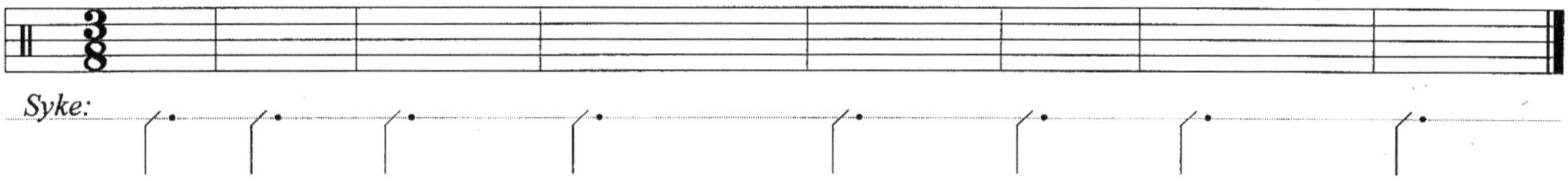

Syke:

Pienmuotoanalyysi:

1. Jonomainen   (a b c d)
2. Parillinen   (a a b b)
3. Kehys   (a b a)

Melodiasanelu:

Transponoi H-do mukaisesti:

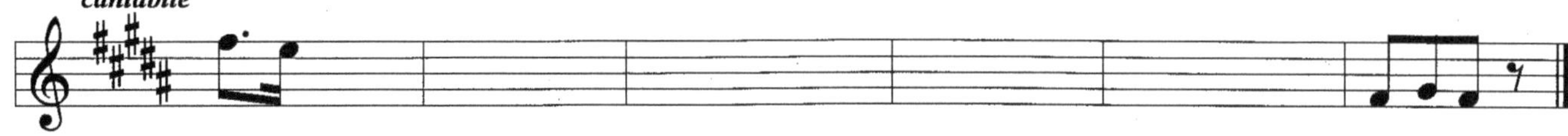

Transponoi Des-do mukaisesti:

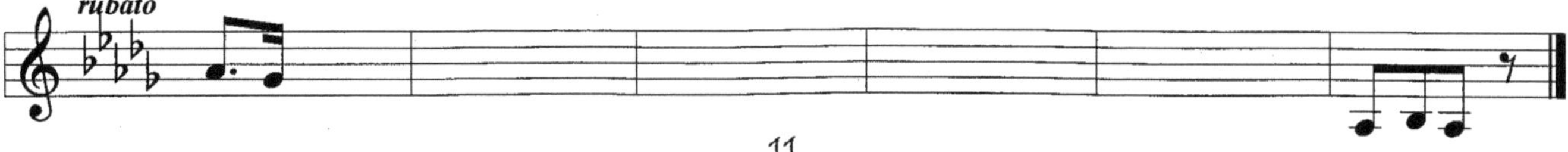

Teoria 3b

Tehtäväsivu nro 1
Pieni oktaaviala
1-viivainen oktaaviala
2-viivainen oktaaviala
3-viivainen oktaaviala
g
c1
c2
c3
Kirjoita nuotit
Tunnista nuotit
8va
8va
8vb
8vb
g1
gis
ges2
ceses2
fisis1
.... -duuri
.... -molli
H-duuriasteikko
harm. gis-molliasteikko
mel. gis-molliasteikko
I. PUHTAAT INTERVALLIT JA KÄÄNNÖKSET
1   8   4   5   5   4   8   1
0,5
0,5
vä 5   <   pu 5   <   y 5
II. MUUT INTERVALLIT JA KÄÄNNÖKSET
s2   p7   s3   p6   p2   s7   p3   s6
0,5
0,5
0,5
vä2   <   p2   <   s2   <   y2
Tunnista intervallit
Kirjoita intervallit alaspäin
s3   yy8   vävä4   p7   s3
Sointuanalyysi
A:I3
Musiikkisanat
cantabile =
festivo =
modulaatio =
risoluto =
rubato =
sostenuto =
12

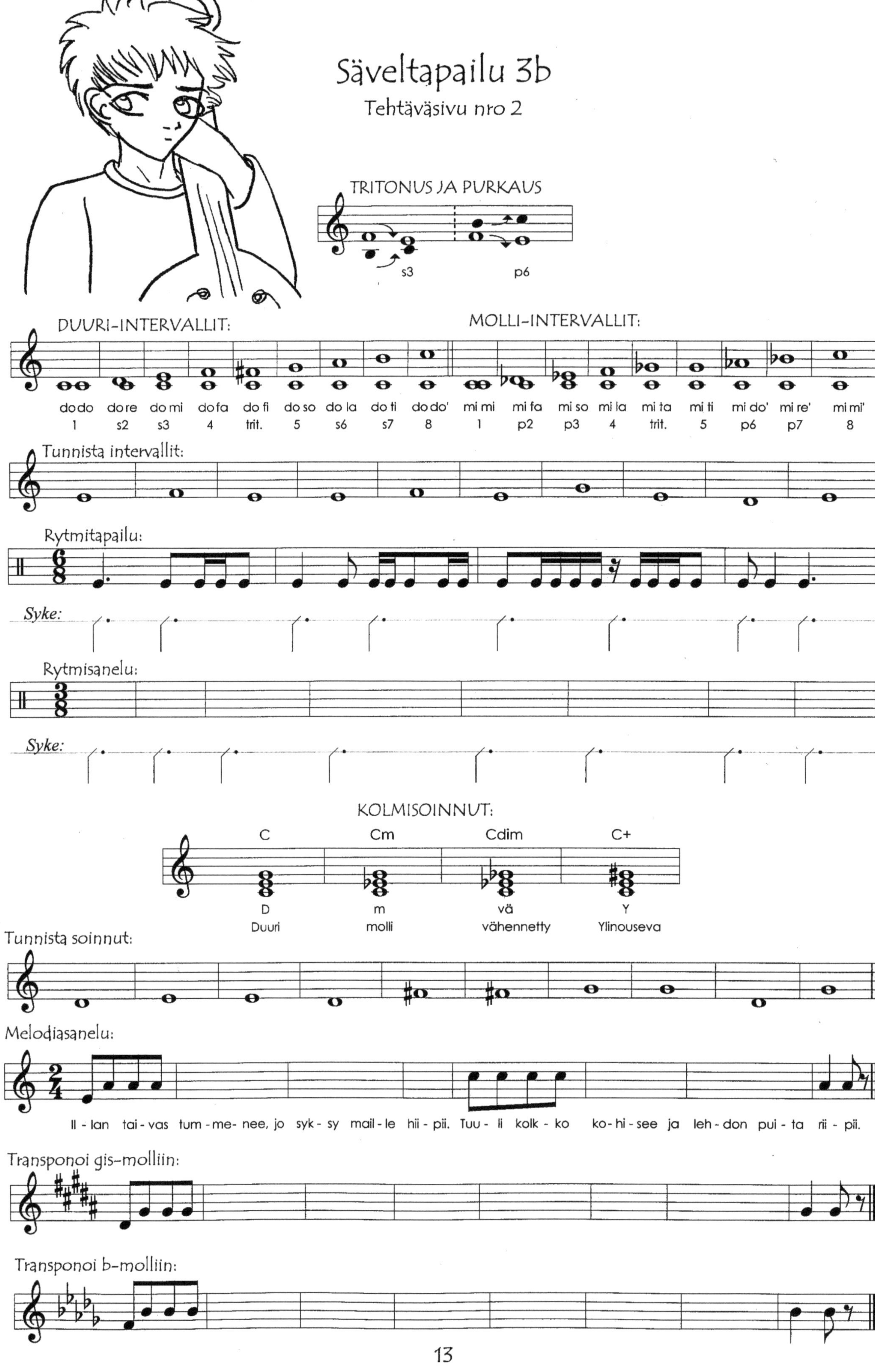

Säveltapailu 3b
Tehtäväsivu nro 2

TRITONUS JA PURKAUS
s3
p6

DUURI-INTERVALLIT:
MOLLI-INTERVALLIT:

do do   do re   do mi   do fa   do fi   do so   do la   do ti   do do'   mi mi   mi fa   mi so   mi la   mi ta   mi ti   mi do'   mi re'   mi mi'
1   s2   s3   4   trit.   5   s6   s7   8   1   p2   p3   4   trit.   5   p6   p7   8

Tunnista intervallit:

Rytmitapailu:

Syke:

Rytmisanelu:

Syke:

KOLMISOINNUT:
C   Cm   Cdim   C+
D   m   vä   Y
Duuri   molli   vähennetty   Ylinouseva

Tunnista soinnut:

Melodiasanelu:
Il - lan tai - vas tum - me - nee, jo syk - sy mail - le hii - pii. Tuu - li kolk - ko   ko - hi - see ja leh - don pui - ta rii - pii.

Transponoi gis-molliin:

Transponoi b-molliin:

13

Teoria 3b

Tehtäväsivu nro 2

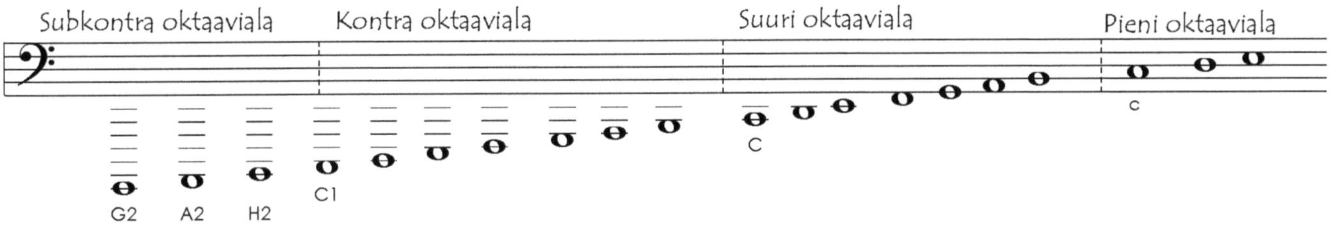

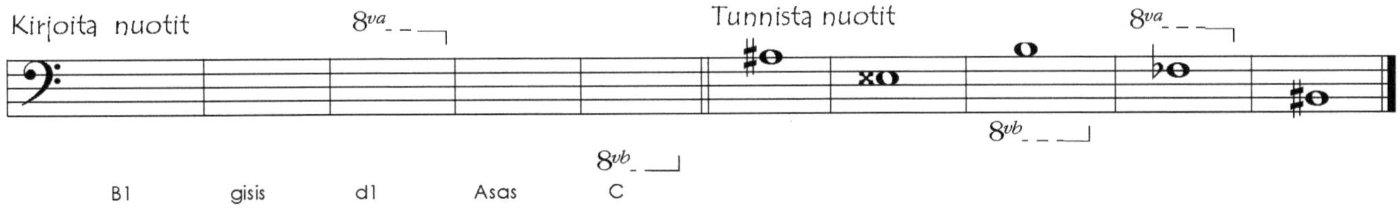

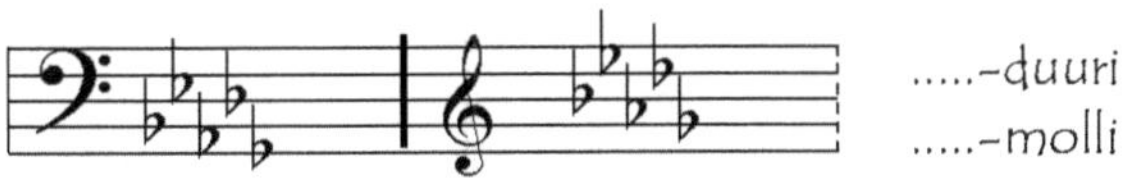

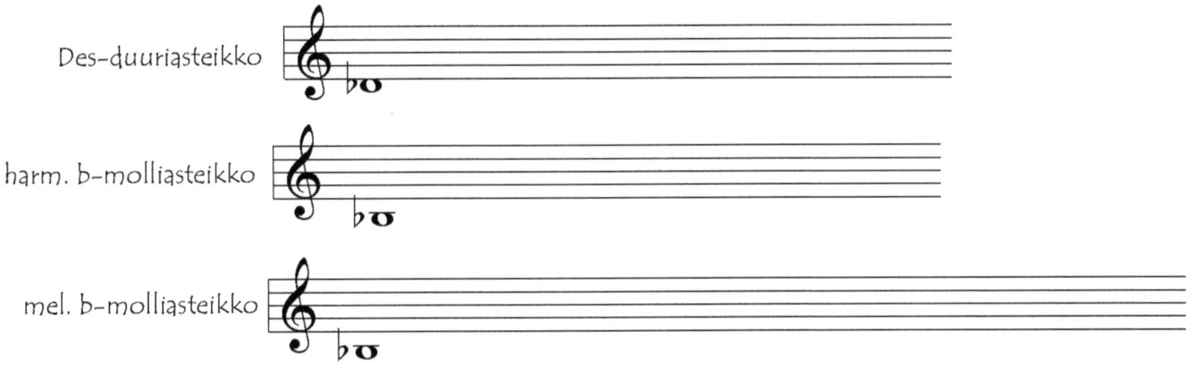

KOLMISOINTU ON POHJASÄVELESTÄ, SEN TERSSISTÄ JA KVINTISTÄ MUODOSTETTU SOINTU

Musiikkisanat

tritonus =
purkaus =
loco =
käännös =
ottava (8va) alta / bassa =
trilli =

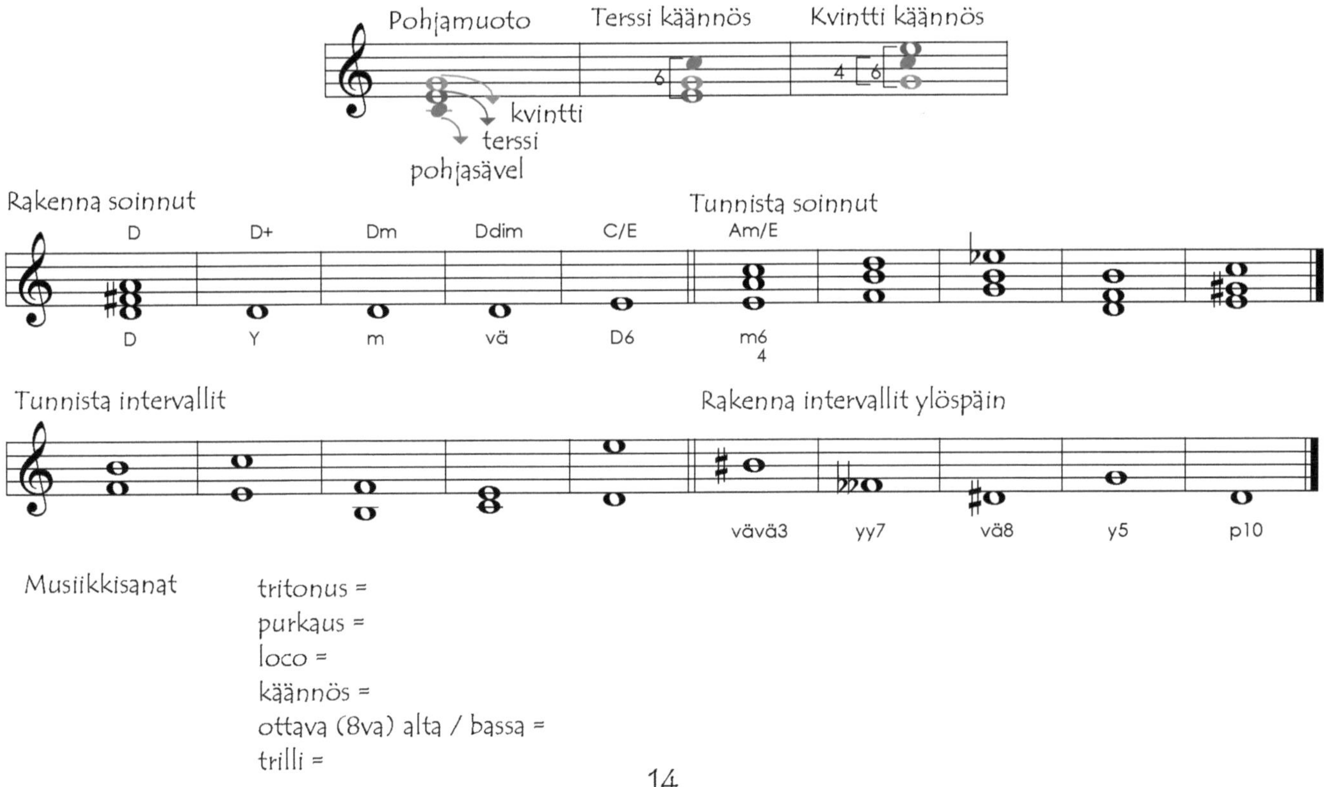

Säveltapailu 3b

Tehtäväsivu nro 3

DUURI–INTERVALLIT:

Tunnista intervallit:

Tunnista soinnut:

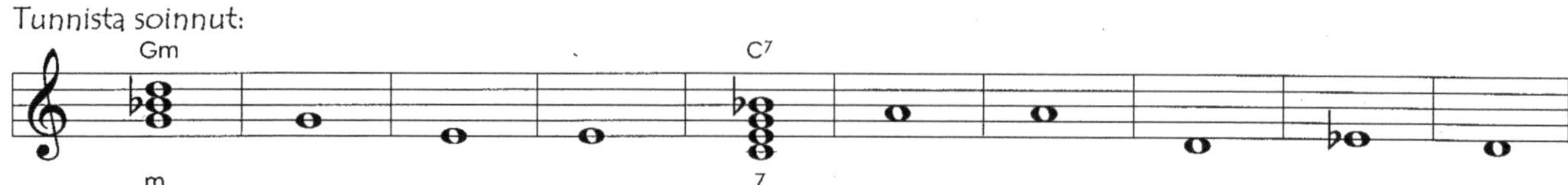

Rytmitapailu:

con fuoco

Syke:

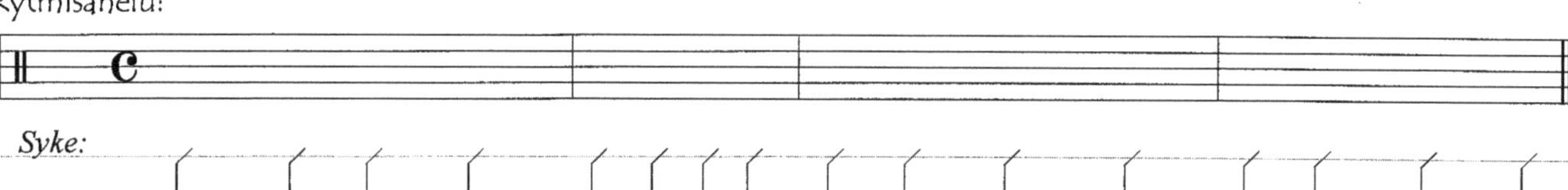

Rytmisanelu:

Syke:

Melodiatapailu:

con amore

Transponoi Fis–duuriin: MUOTO : ....

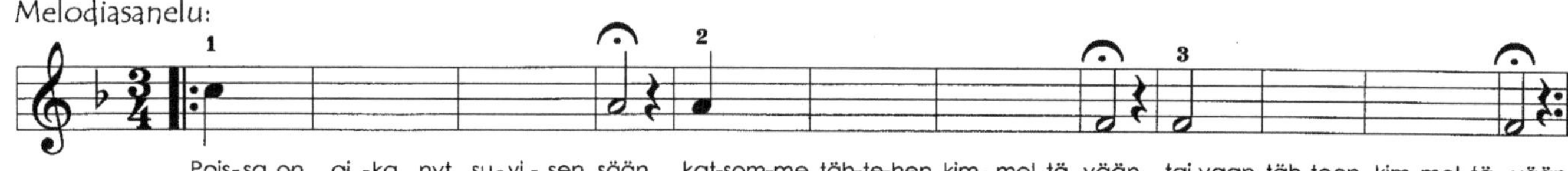

Melodiasanelu:

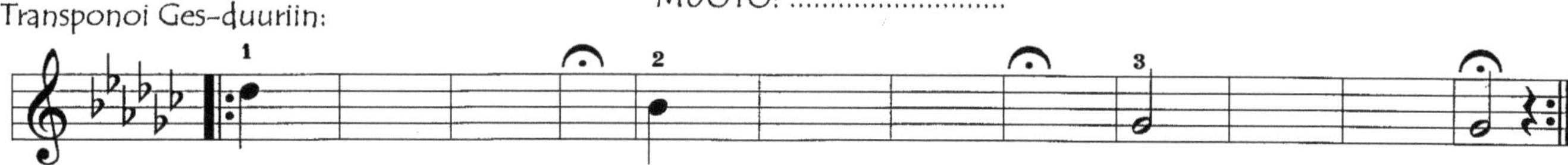

Transponoi Ges–duuriin: MUOTO: ....

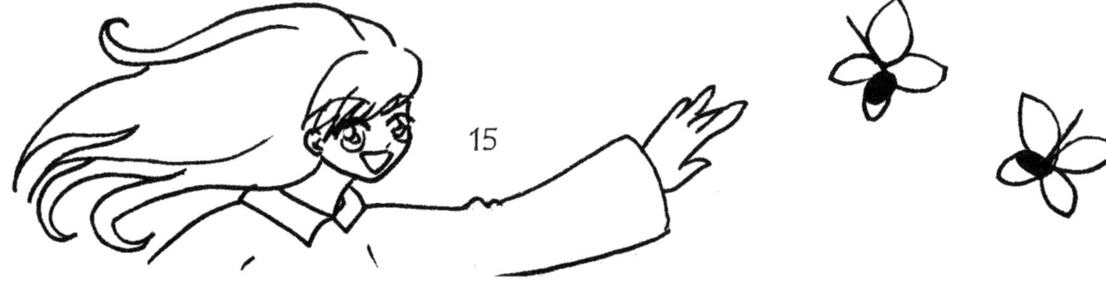

Teoria 3b
Tehtäväsivu nro 3
oktaaviala
oktaaviala
oktaaviala
oktaaviala
8vb
G2 A2 H2 C1 D1 E1 F1 G1 A1 H1
C D E F G A H
c d e
Kirjoita nuotit
8va
Tunnista nuotit 8va
8vb
C1
fisis
b
Geses
fis
8vb
.....-duuri
.....-molli
Fis-duuriasteikko
Fis-duuriasteikko
.......-duuri
.......-molli
Ges-duuriasteikko
Ges-duuriasteikko
NELISOINTU ON POHJASÄVELESTÄ, SEN TERSSISTÄ, KVINTISTÄ JA SEPTIMISTÄ MUODOSTETTU SOINTU
Pohjamuoto
Terssi käännös
Kvintti käännös
Septimi käännös
septimi
kvintti
terssi
pohjasävel
Tunnista soinnut
Cmaj7 Cmaj7(+5) Cm(maj7) Cm7(b5) Cdim7
Kirjoita soinnut
Fmaj7 Fmaj7(+5) Fm(maj7) Fm7(b5) Fdim7
D+s7
D+s7 Y+s7 m+s7 vä+p7 vä+vä7
Rakenna intervallit alaspäin
Tunnista intervallit
4 y9 vä3 vä5 s3
Musiikkisanat
con amore =
imitaatio =
agogiikka =
con fuoco =
attacca =
aksentti =
16

Säveltapailu 3b
Tehtäväsivu nro 4

MOLLI-INTERVALLIT:

mi mi   mi fa   mi so   mi la   mi ta   mi ti   mi do'   mi re'   mi mi'
1   p2   p3   4   trit.   5   p6   p7   8

Tunnista intervallit:

Melodiatapailu:
spiritoso
a a
Voi jos il- ta jou- tui- si,   vai- vat vai- men- tui- si,   hi- ki- hel- met kui- vui- si   ja   ar- mas lai- men- tui- si.
b
Sil- loin ois' oi   sil- loin ois' mun   rin- nas- sa- ni   rau- ha.   Sil- loin ois' oi   sil- loin ois' mun   rin- nas- sa- ni   rau- ha.

Transponoi dis-molliin:

MUOTO : ....

Melodiasanelu:
con brio
Jo   Kar - ja- lan kun- nail - la   leh - tii puu,   jo   Kar- ja- lan koi - vi- kot   tuu - het- tuu.   Kä - ki
decrescendo
kuk - kuu siel- lä   ja   ke - vät on,   vie   sin - ne mun kai - ho   poh - ja - ton.

Siirrä es-molliin:

Rytmisanelu:

17

Teoria 3b

Tehtäväsivu nro 4

Säveltapailu 3b
Tehtäväsivu nro 5

Teoria 3b

Tehtäväsivu nro 5

TERSSIKÄÄNNÖKSET DUURISSA JA MOLLISSA

KVINTTIKÄÄNNÖKSET DUURISSA JA MOLLISSA

Musiikkisanat

ad libitum =
adagietto =
allargando =
homofoninen =
brevis =
kenraalibasso =

20

Säveltapailu 3b

Tehtäväsivu nro 6

Teoria 3b
Tehtäväsivu nro 6

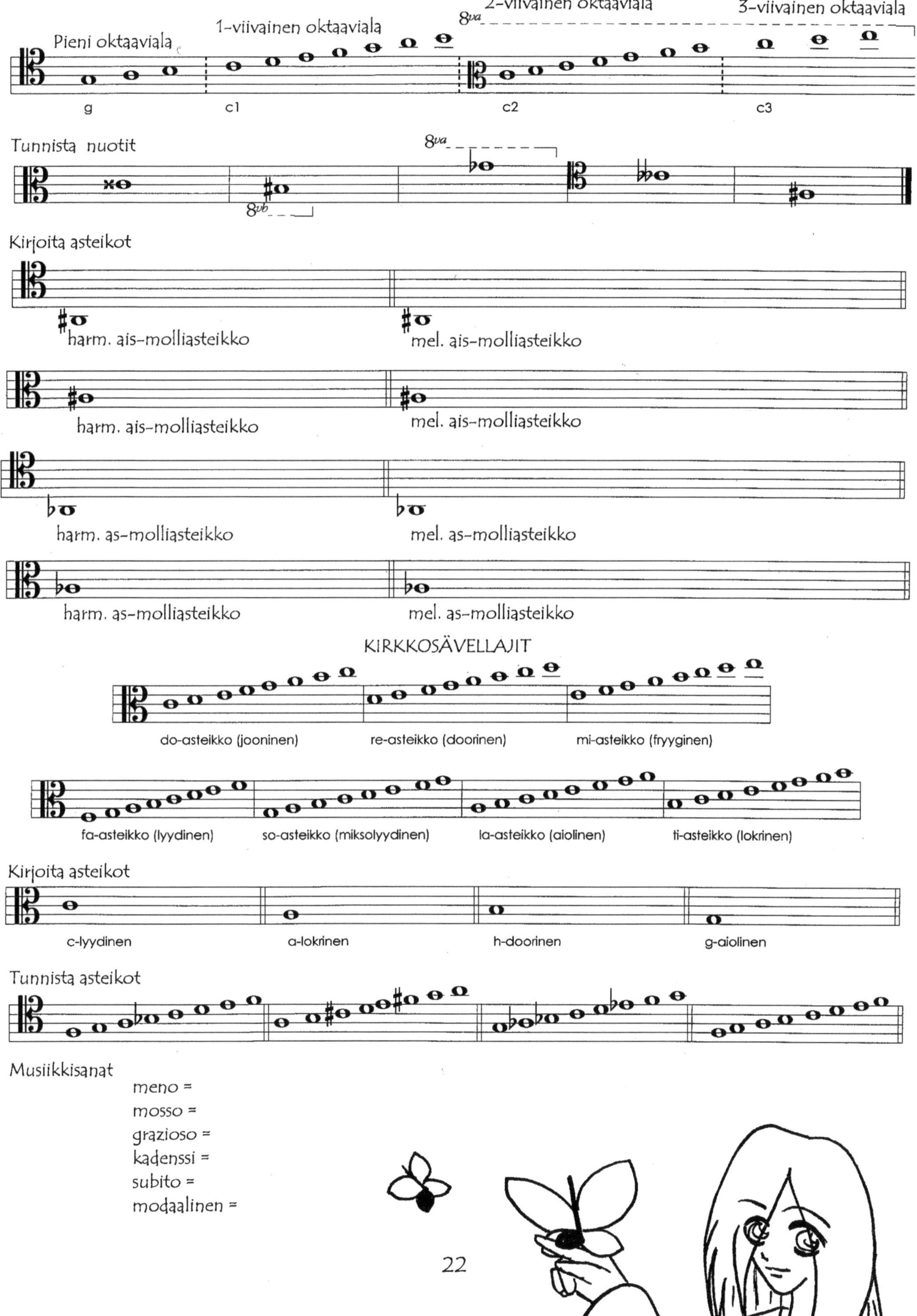

Musiikkisanat

meno =

mosso =

grazioso =

kadenssi =

subito =

modaalinen =

22

1	agitato	
2	agogiikka	
3	alla breve	
4	alla marcia	
5	allargando	
6	animato	
7	ad libitum	
8	attacca	
9	brevis	
10	C-avain	
11	con amore	
12	con brio	
13	con fuoco	
14	decrescendo	
15	diatoninen	
16	dominantti	
17	enharmoninen	
18	festivo	
19	forzando	
20	grazioso	
21	hajasävel	
22	homofoninen	
23	imitaatio	
24	kadenssi	
25	kenraalibasso	
26	kontrapunkti	
27	käännös	
28	loco	
29	M.M.	
30	ma non troppo	
31	marcato	
32	meno	
33	modaalinen	
34	modulaatio	
35	mosso	
36	nyanssi	
37	ottava alta / bassa	
38	pizzicato	
39	poco a poco	
40	polyfoninen	
41	purkaus	
42	risoluto	
43	rubato	
44	scherzando	
45	simile	
46	sostenuto	
47	spiritoso	
48	subdominantti	
49	tempo primo	
50	tenuto	
51	Toonika	
52	trilli	
53	tritonus	

Notaatio
Harjoitussivu 3b

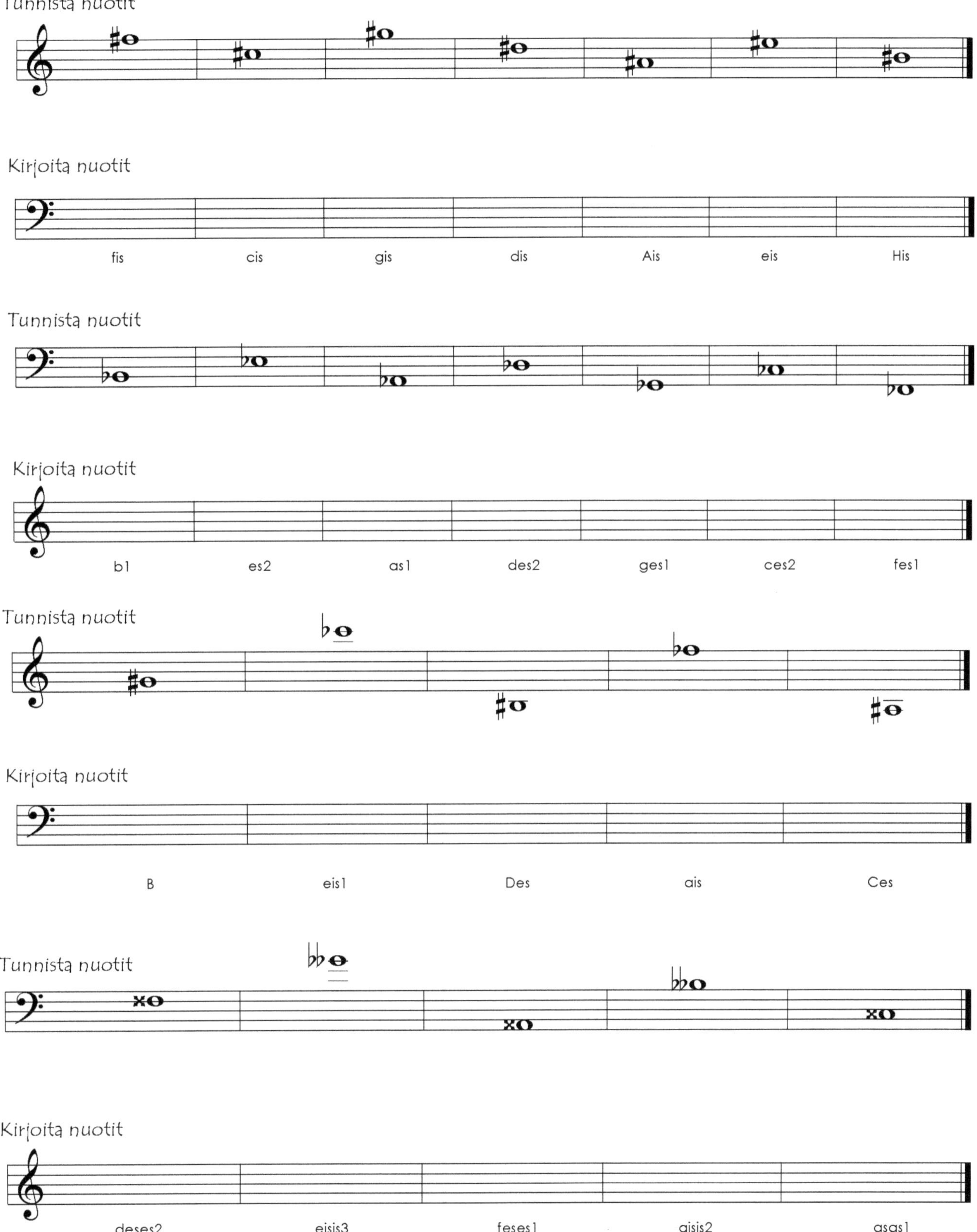

Asteikot

Harjoitussivu 3b

Minkä duurin ja mollin etumerkinnät

Kirjoita etumerkinnät

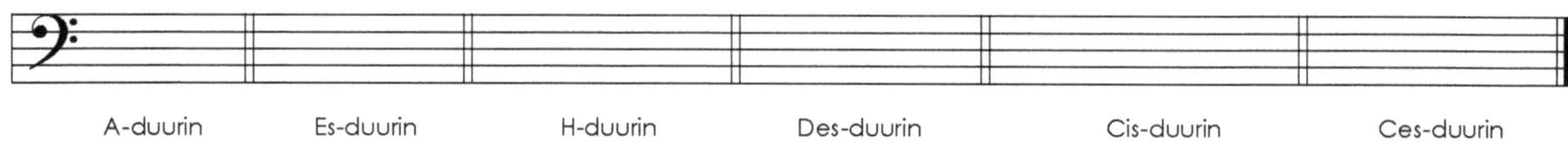

Tunnista asteikot

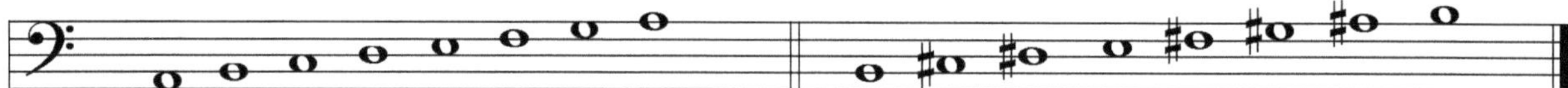

Kirjoita asteikot

Tunnista asteikot

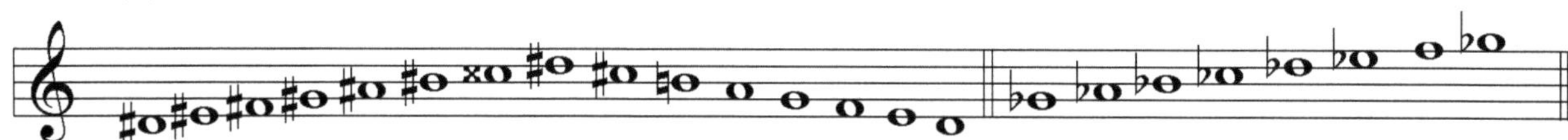

Kirjoita asteikot

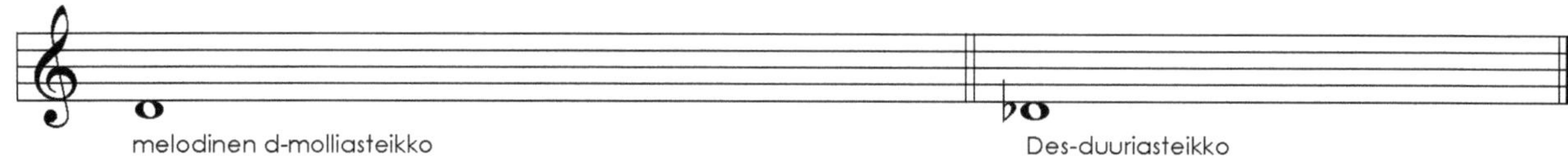

Kirjoita etumerkinnät

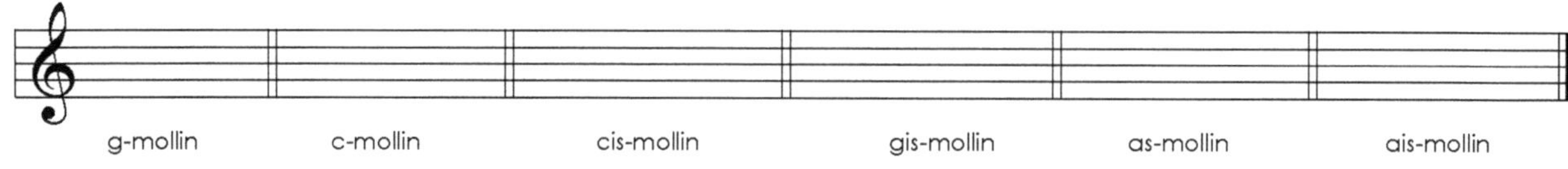

Intervallit
Harjoitussivu 3b

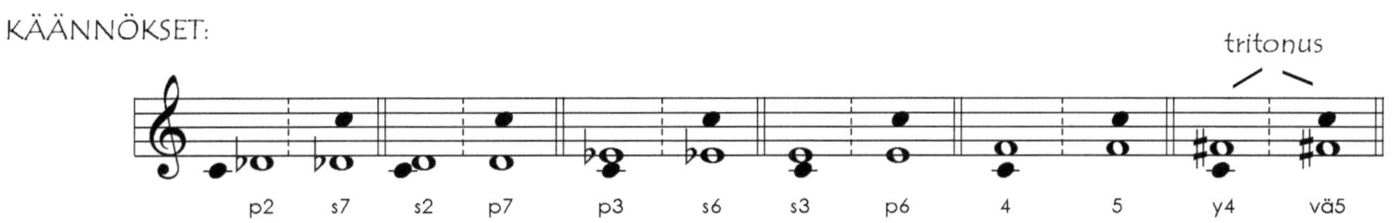

1. ryhmä: 1, 4, 5, 8   vävä < vä < pu < y < yy

2. ryhmä: 2, 3, 6, 7   vävä < vä < p < s < y < yy

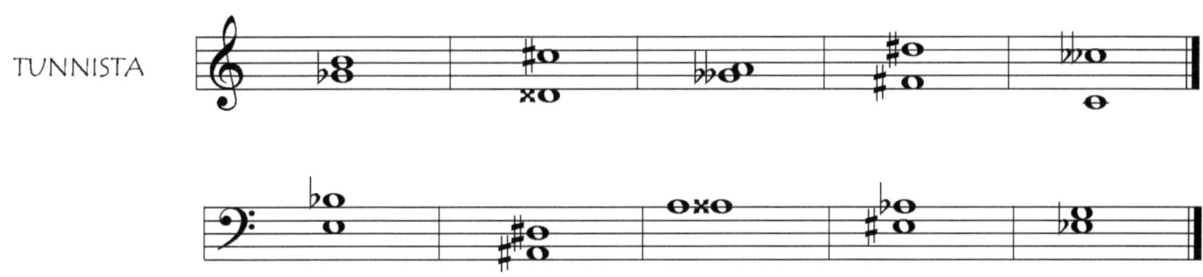

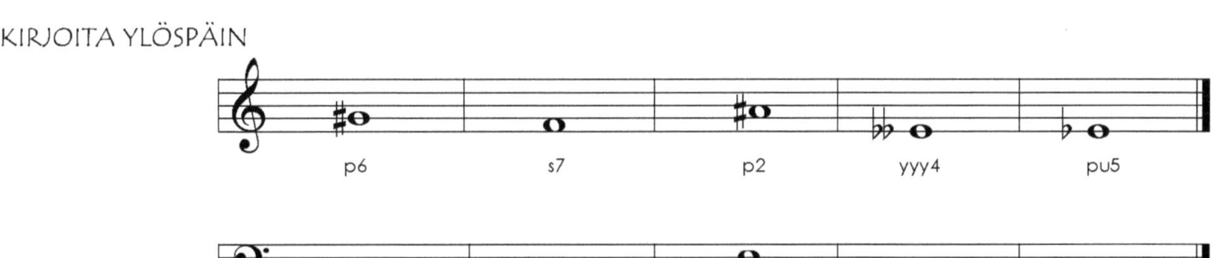

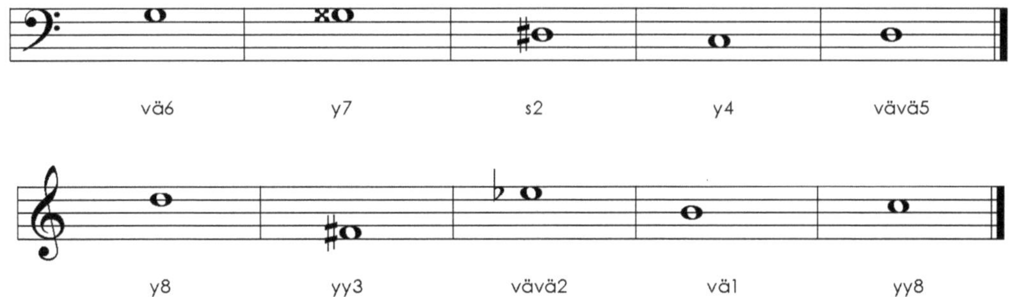

Soinnut

Harjoitussivu 3b

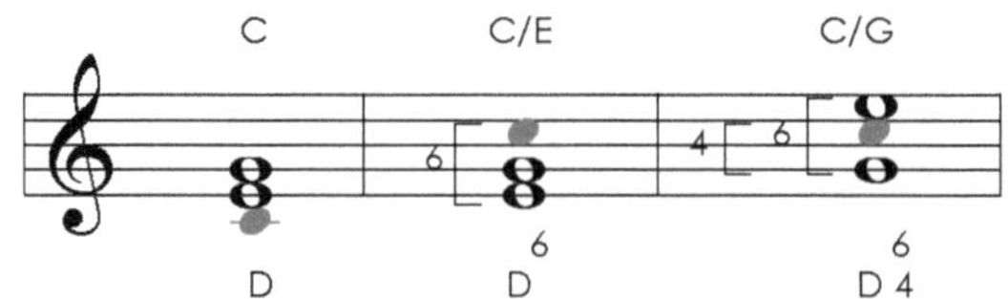

Nimeä soinnut

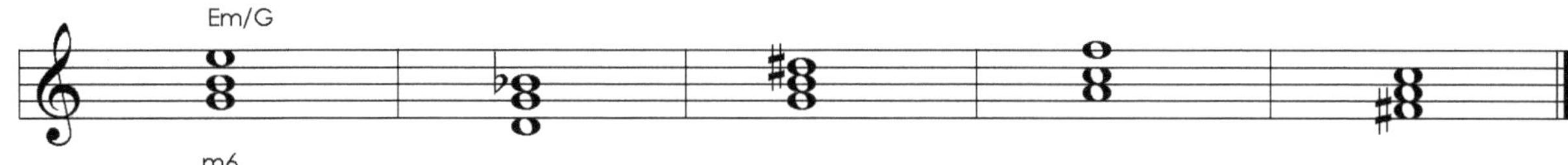

Nimeä soinnut

Kirjoita soinnut ylöspäin

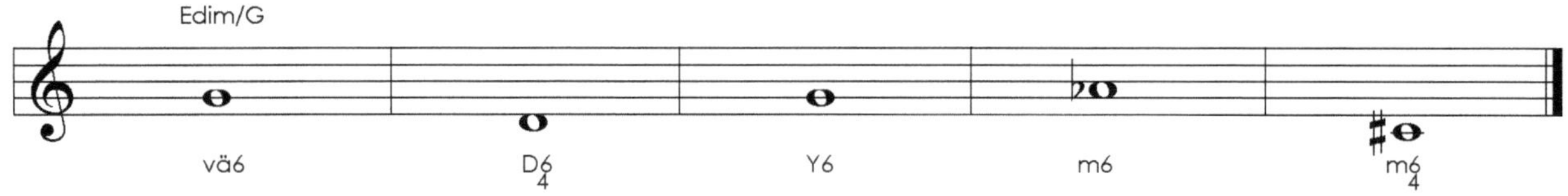

Tunnista asteet

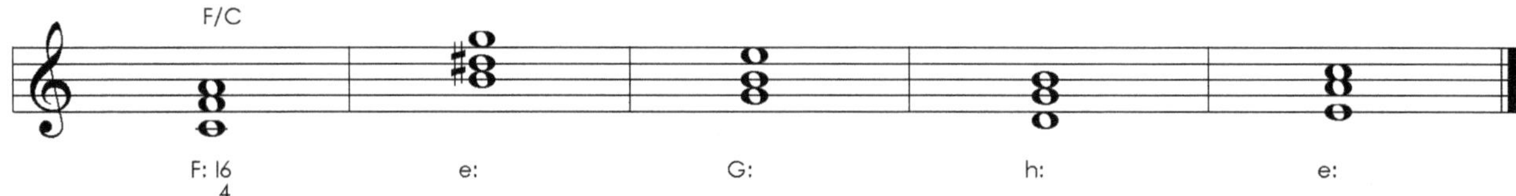

Sointuanalyysi

Harjoitussivu 3b

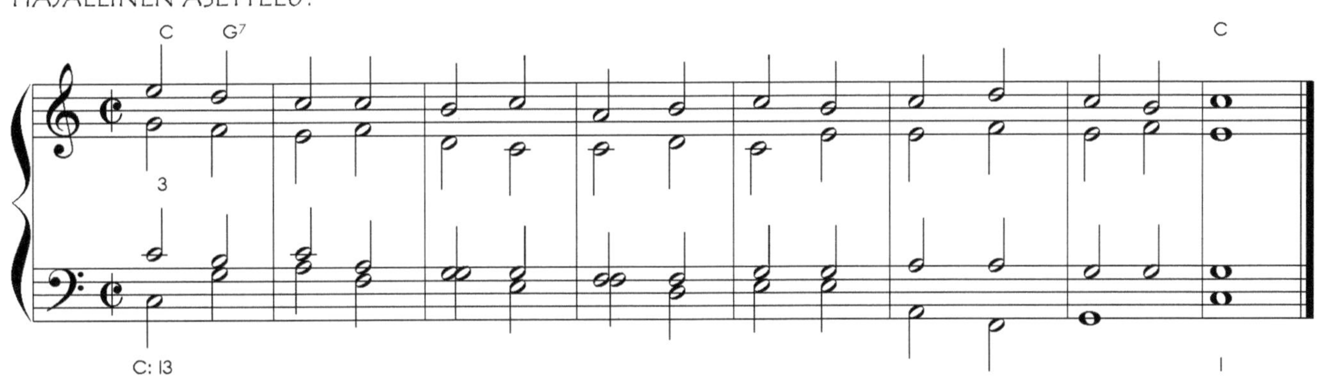

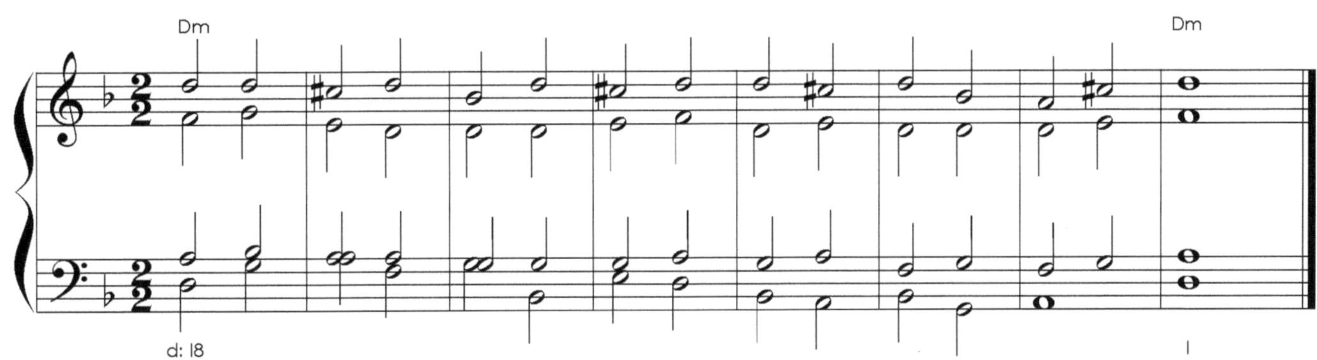

Harjoitus solfatentti
Tehtäväsivu pt 3b

RYTMIPATAILU

RYTMISANELU

MELODIATAPAILU
c: la,
si,
fi si
la
la,

INTERVALLIT

SOINNUT

KADENSSIT
C: I
I
a: I
I
D: I
I

MELODIASANELU
c:

Harjoitus teoriatentti

Tehtäväsivu pt 3b

Säveltapailu 3b

Vastaussivu nro 1

TRITONUS JA PURKAUS

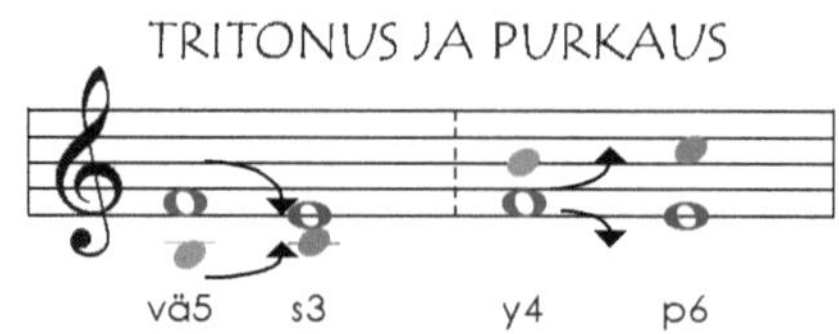

DUURI-INTERVALLIT: MOLLI-INTERVALLIT:

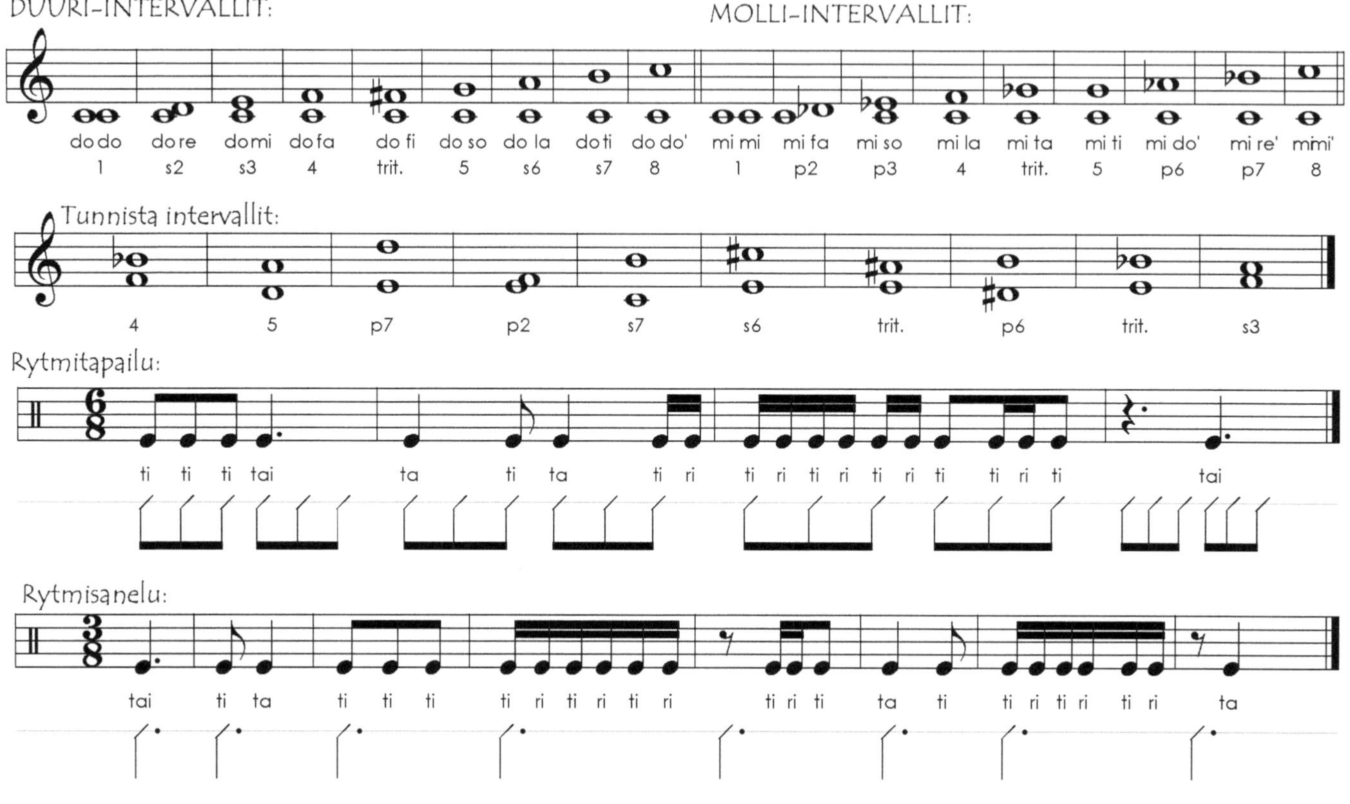

Tunnista intervallit:

Rytmitapailu:

Rytmisanelu:

Pienmuotoanalyysi:

1. Jonomainen   (a b c d)
2. Parillinen   (a a b b)
3. Kehys   (a b a)

Melodiasanelu:

Transponoi H-do mukaisesti:

Transponoi Des-do mukaisesti:

Teoria 3b

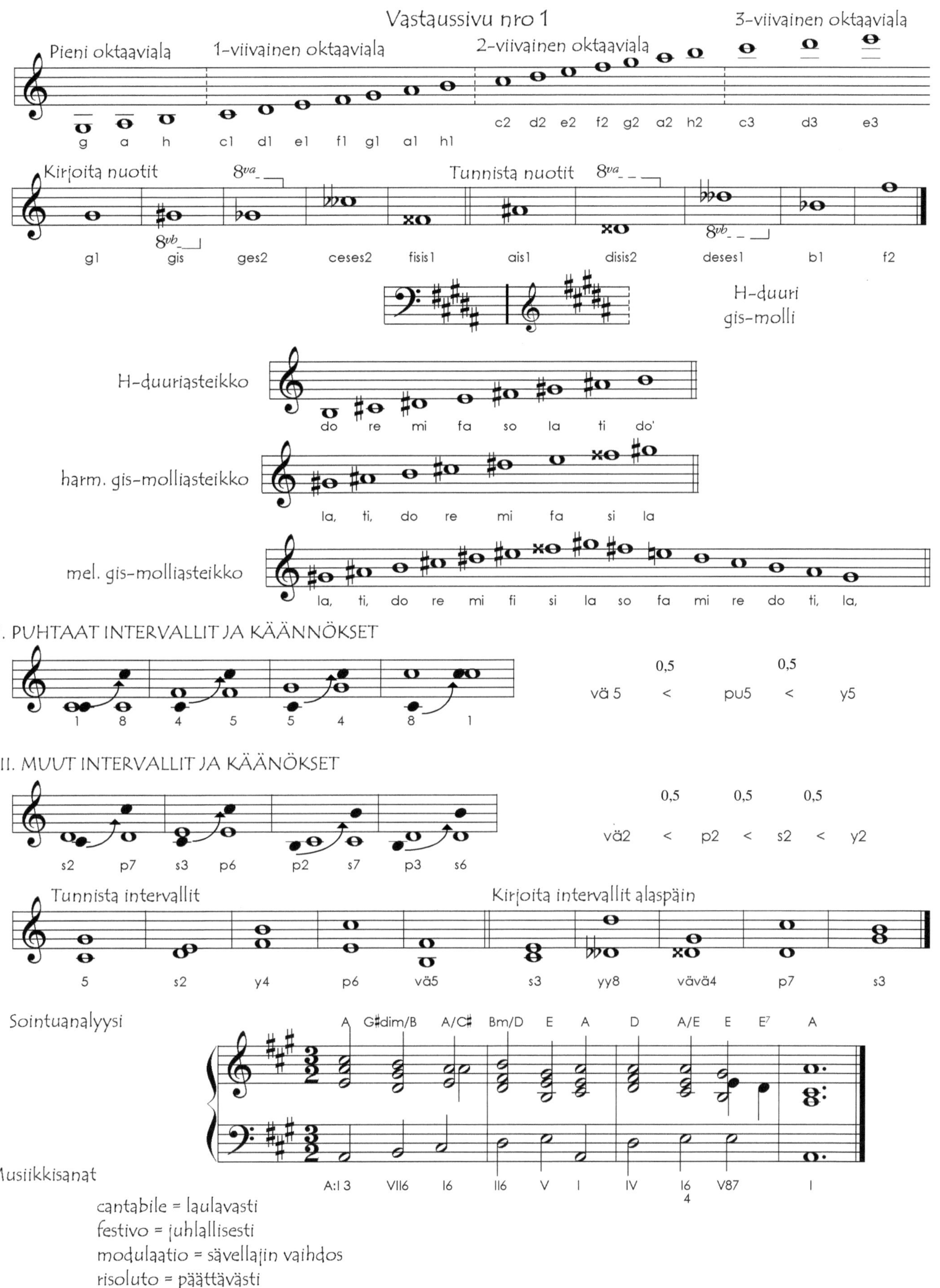

cantabile = laulavasti
festivo = juhlallisesti
modulaatio = sävellajin vaihdos
risoluto = päättävästi
rubato = vapaasti
sostenuto = pidätellen

Säveltapailu 3b

Vastaussivu nro 2

TRITONUS JA PURKAUS

DUURI-INTERVALLIT: MOLLI-INTERVALLIT:

do do   do re   do mi   do fa   do fi   do so   do la   do ti   do do'   mi mi   mi fa   mi so   mi la   mi ta   mi ti   mi do'   mi re'   mi mi'
1   s2   s3   4   trit.   5   s6   s7   8   1   p2   p3   4   trit.   5   p6   p7   8

Tunnista intervallit:

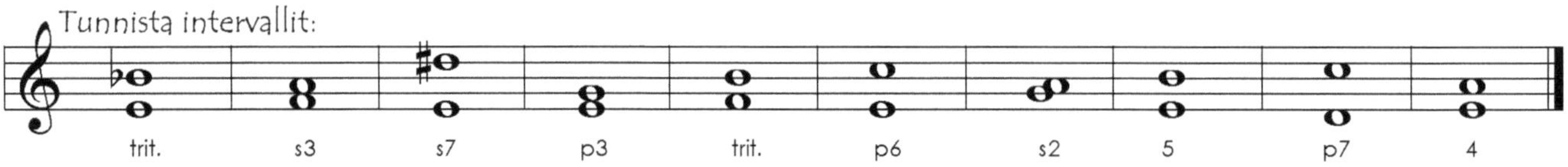

trit.   s3   s7   p3   trit.   p6   s2   5   p7   4

Rytmitapailu:

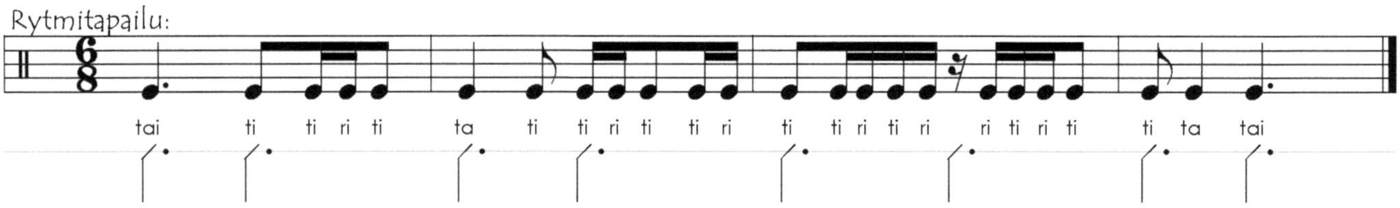

tai   ti   ti ri ti   ta   ti   ti ri ti   ti ri   ti   ti ri ti ri   ri ti ri ti   ti ta   tai

Rytmisanelu:

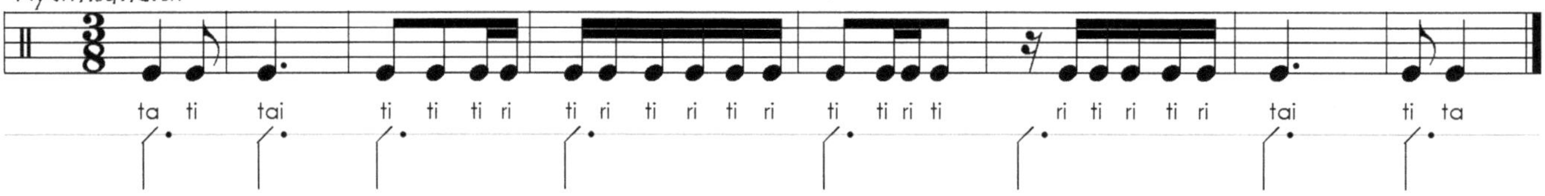

ta ti   tai   ti   ti ti ri   ti ri ti ri ti ri   ti   ti ri ti   ri ti ri ti ri   tai   ti ta

KOLMISOINNUT:

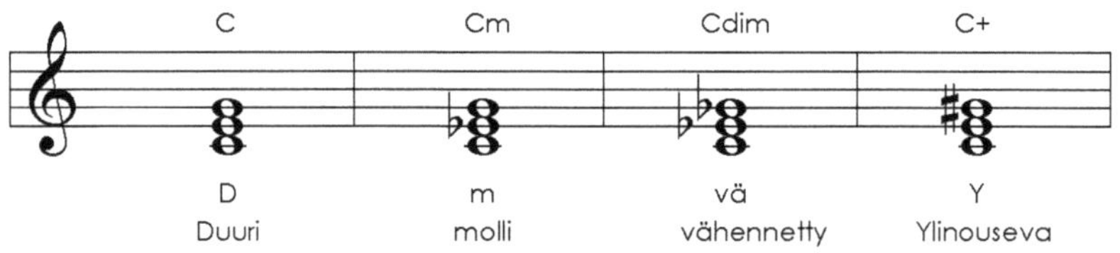

C   Cm   Cdim   C+
D   m   vä   Y
Duuri   molli   vähennetty Ylinouseva

Tunnista soinnut:

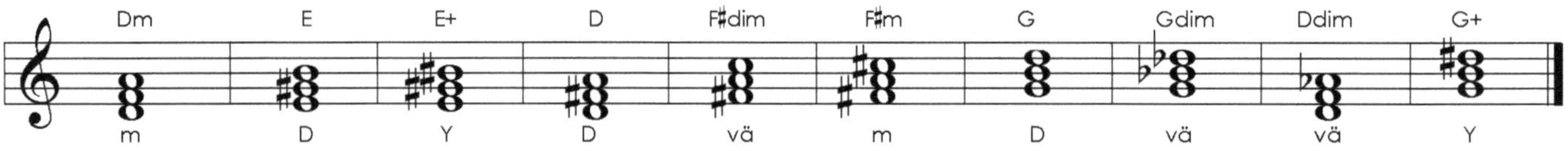

Dm   E   E+   D   F#dim   F#m   G   Gdim   Ddim   G+
m   D   Y   D   vä   m   D   vä   vä   Y

Melodiasanelu:

Il - lan tai- vas tum- me- nee, jo syk- sy mail- le hii - pii. Tuu - li kolk- ko ko- hi- see ja leh- don pui - ta rii - pii.

Transponoi gis-molliin:

mi la la la   so so so mi   re ti, do re   mi mi   do' do' do' do'   ti ti re' do' ti   la mi si ti   la la

Transponoi b-molliin:

mi la la la   so so so mi   re ti, do re   mi mi   do' do' do' do'   ti ti re' do' ti   la mi si ti   la la

Teoria 3b

Vastaussivu nro 2

Des-duuri
b-molli

KOLMISOINTU ON POHJASÄVELESTÄ, SEN TERSSISTÄ JA KVINTISTÄ MUODOSTETTU SOINTU

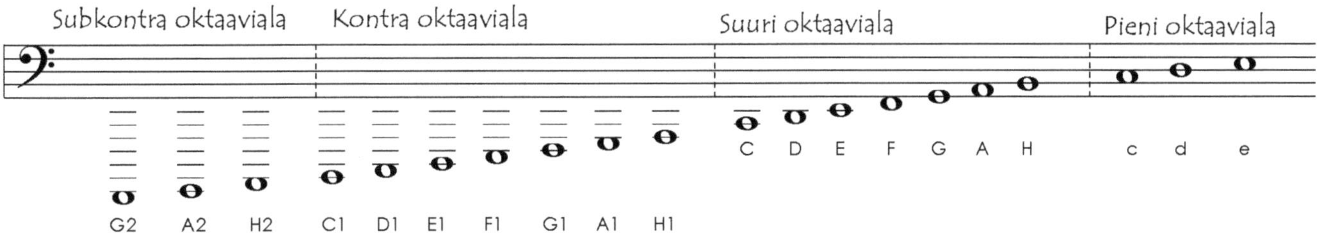

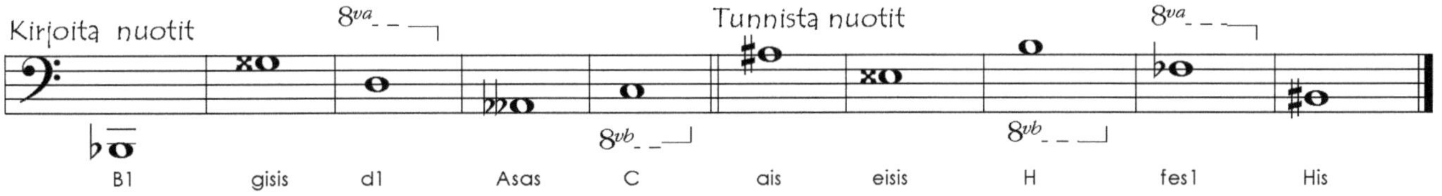

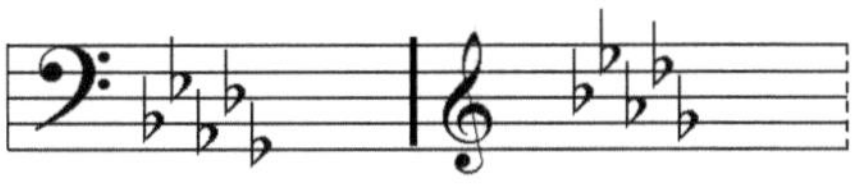

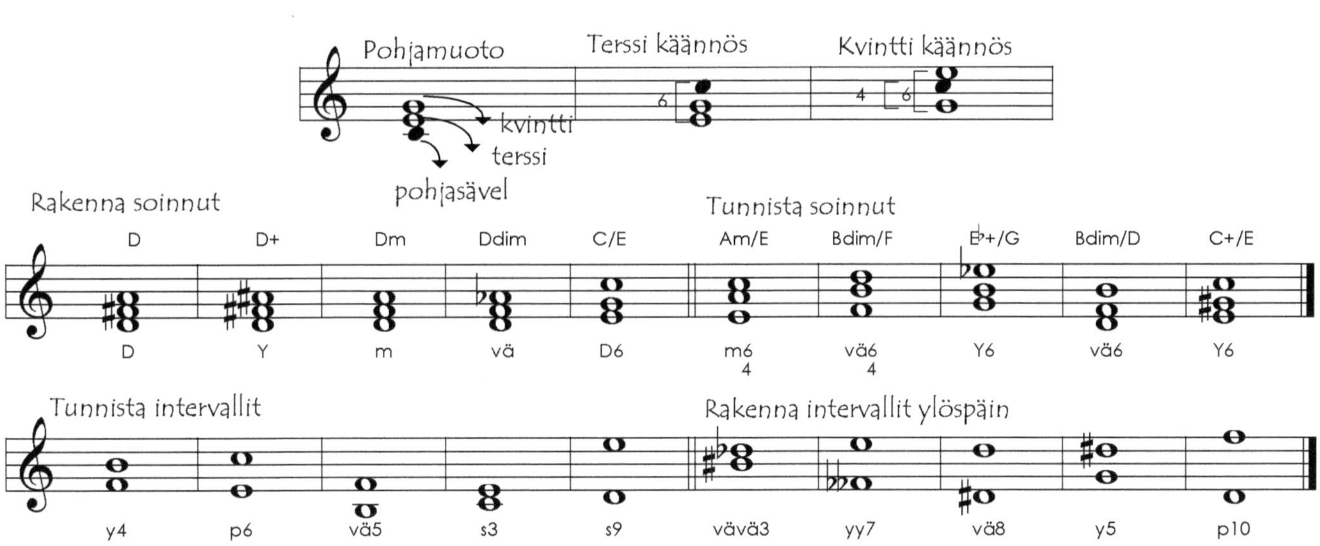

Musiikkisanat

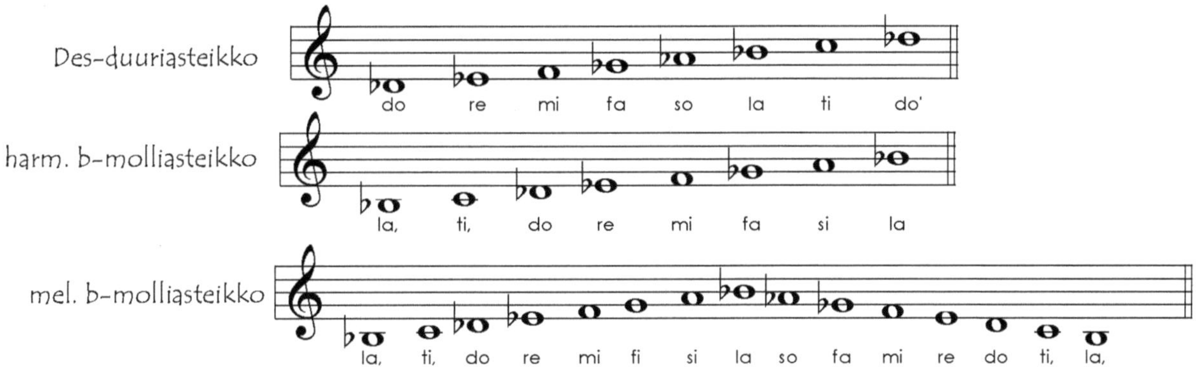

- tritonus = kolme kokosävelaskelta
- purkaus = eteneminen dissonoivasta konsonoivaan
- loco = kumoaa oktaavisiirtomerkin vaikutuksen
- käännös = soinnun muoto, jossa alimpana sävelenä muu kuin pohjasävel
- ottava (8va) alta / bassa = oktaavia ylempää / alempaa
- trilli = kahden vierekkäisen sävelen nopea vuorottelu

Säveltapailu 3b

Vastaussivu nro 3

Teoria 3b

Vastaussivu nro 3

Subkontra oktaaviala   Kontra oktaaviala   Suuri oktaaviala   Pieni oktaaviala

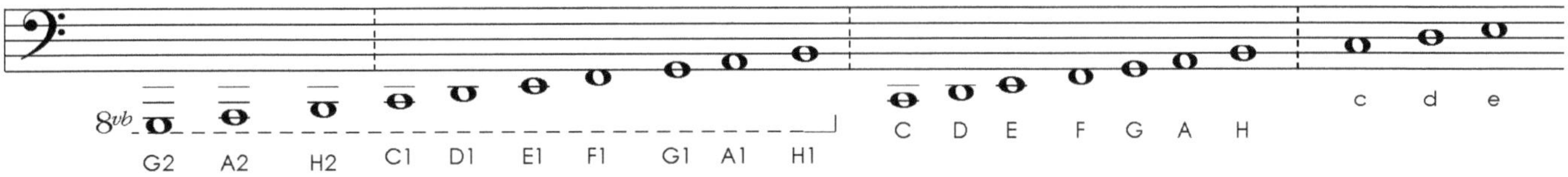

8vb G2   A2   H2   C1   D1   E1   F1   G1   A1   H1   C   D   E   F   G   A   H   c   d   e

Kirjoita nuotit 8va Tunnista nuotit 8va

8vb C1   fisis   b   Geses   fis   des   a1   Hisis   Asas1   gis

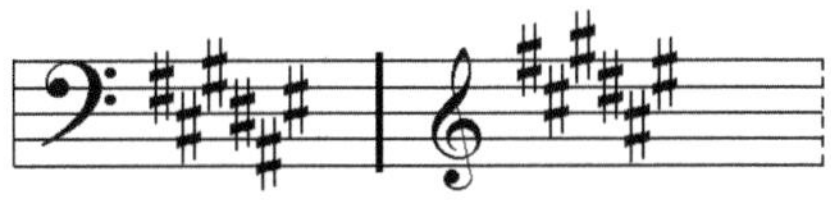

8vb

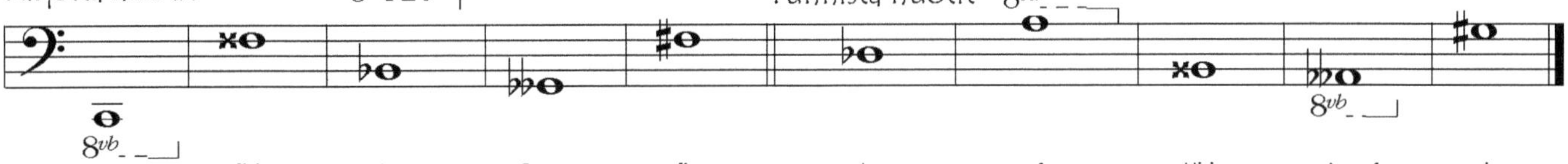

Fis-duuri
dis-molli

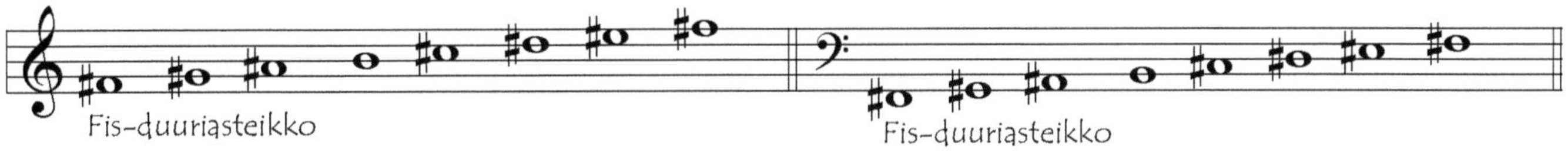

Fis-duuriasteikko   Fis-duuriasteikko

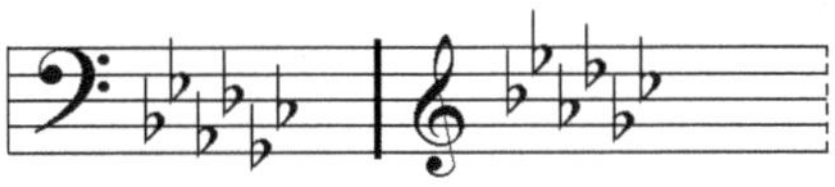

Ges-duuri
es-molli

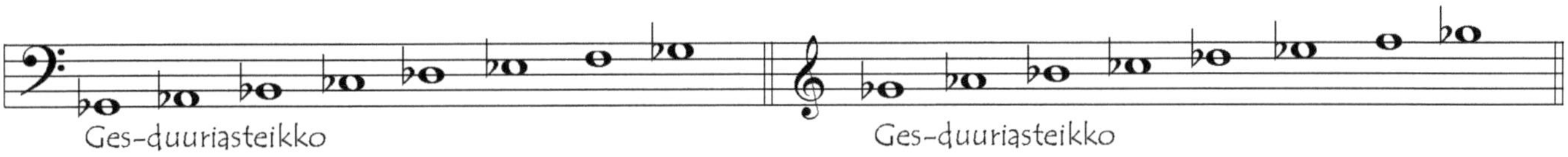

Ges-duuriasteikko   Ges-duuriasteikko

NELISOINTU ON POHJASÄVELESTÄ, SEN TERSSISTÄ, KVINTISTÄ JA SEPTIMISTÄ MUODOSTETTU SOINTU

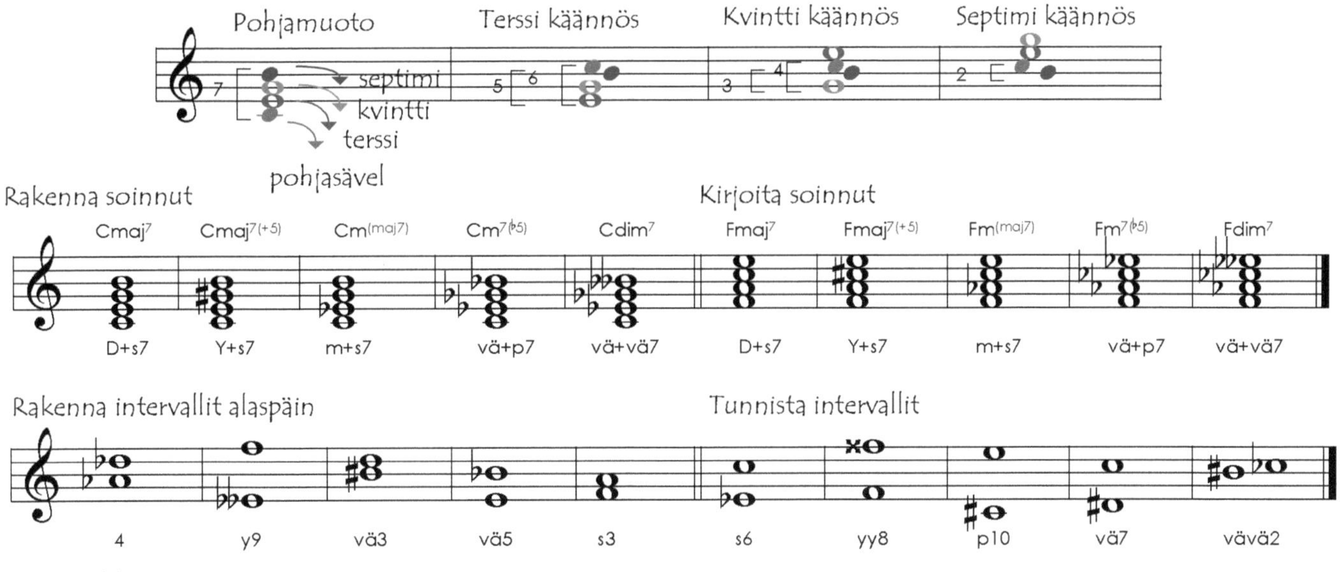

Rakenna soinnut

Cmaj7   Cmaj7(+5)   Cm(maj7)   Cm7(b5)   Cdim7

Kirjoita soinnut

Fmaj7   Fmaj7(+5)   Fm(maj7)   Fm7(b5)   Fdim7

D+s7   Y+s7   m+s7   vä+p7   vä+vä7   D+s7   Y+s7   m+s7   vä+p7   vä+vä7

Rakenna intervallit alaspäin   Tunnista intervallit

4   y9   vä3   vä5   s3   s6   yy8   p10   vä7   vävä2

Musiikkisanat

con amore = sydämestä
imitaatio = jäljittely
agogiikka = esityksen tempon tai rytmin vaihtelut
con fuoco = tulisesti
attacca = tauotta
aksentti = isku

Säveltapailu 3b

Teoria 3b

Vastaussivu nro 4

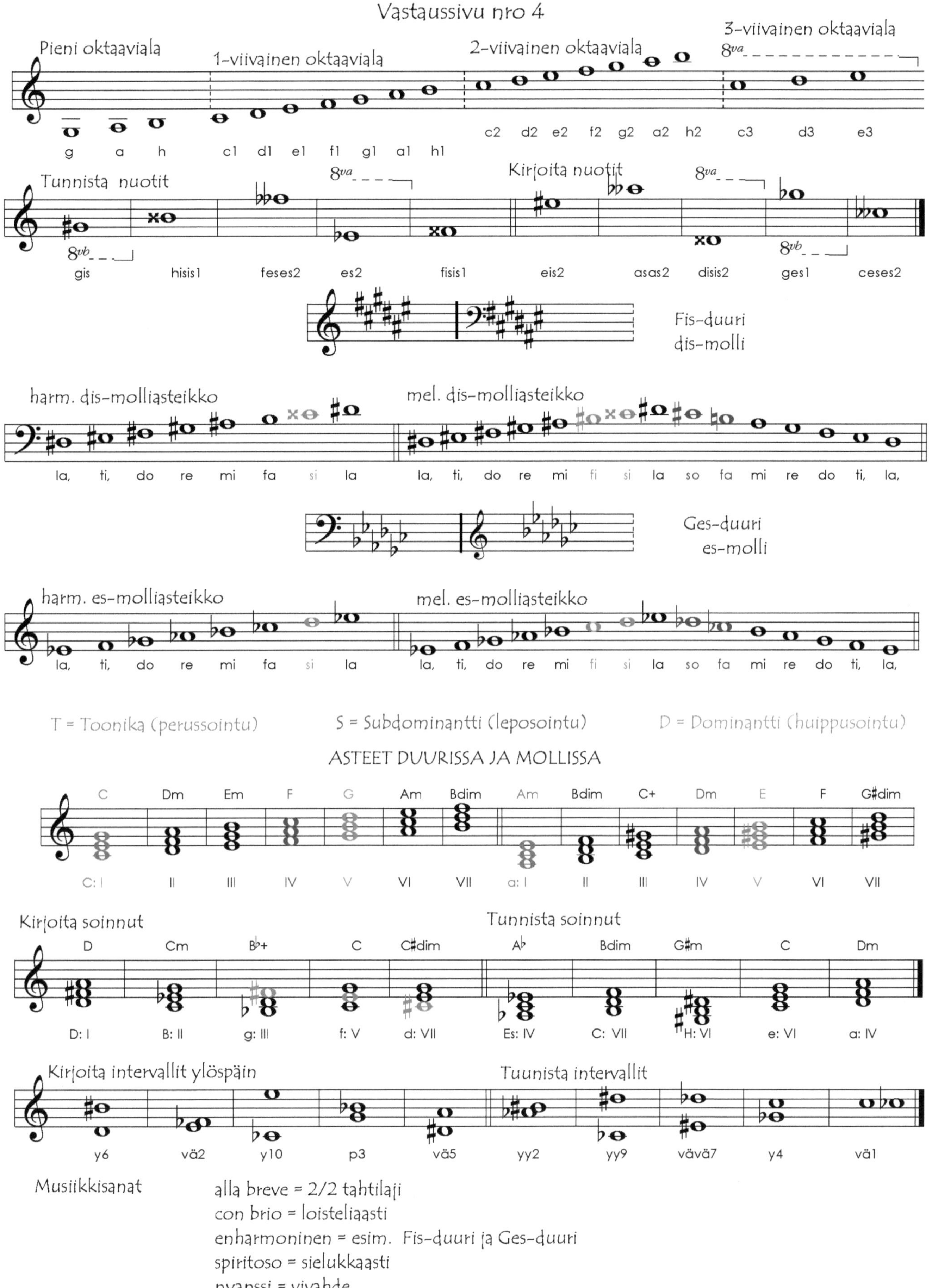

Säveltapailu 3b

Vastaussivu nro 5

39

Teoria 3b

Vastaussivu nro 5

TERSSIKÄÄNNÖKSET DUURISSA JA MOLLISSA

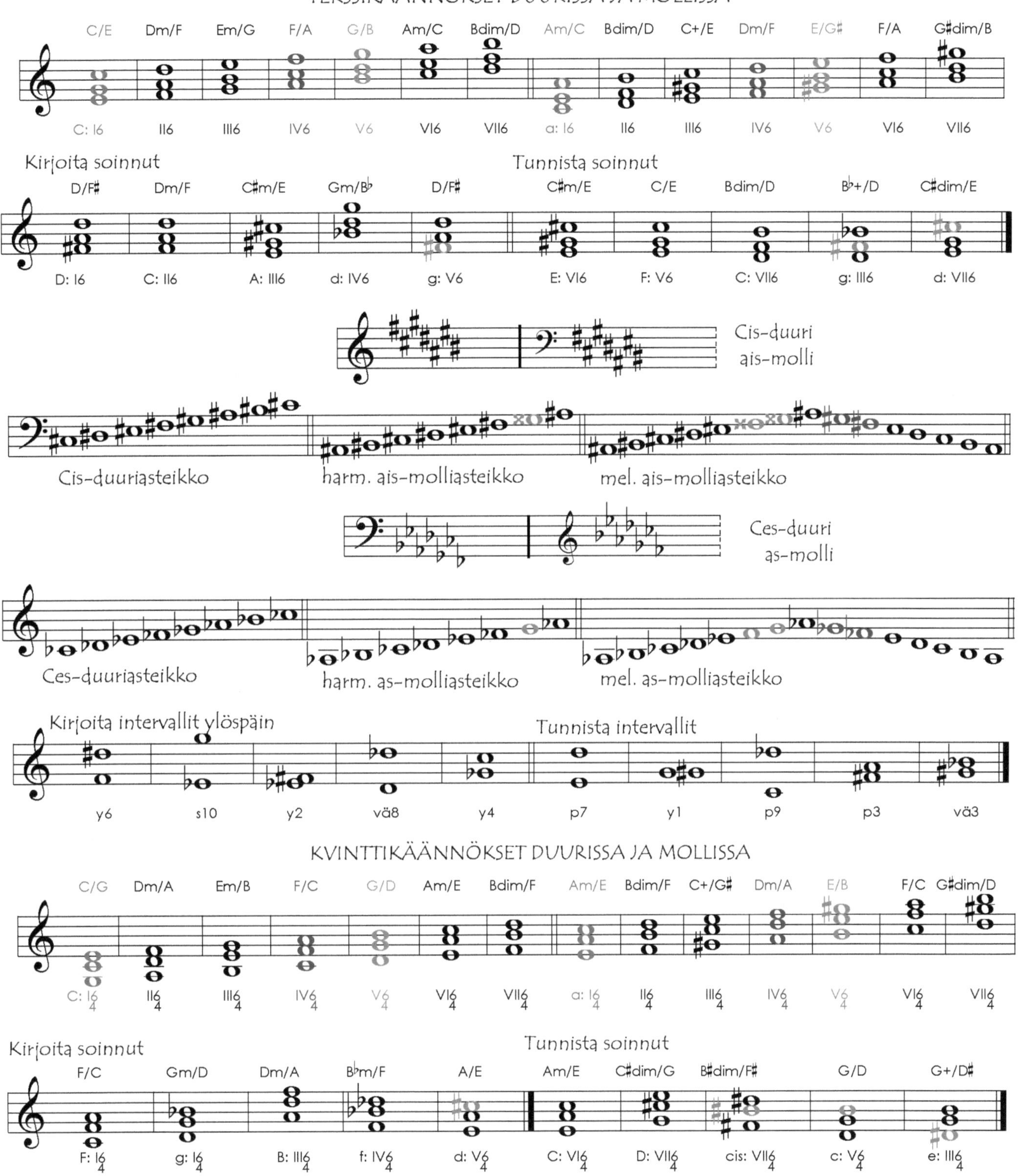

Musiikkisanat
ad libitum (ad. Lib.) = mielen mukaan
adagietto = nopeampi, kuin adagio
allargando = leveämmin, hidastuen
homofoninen = äänet samassa rytmissä, yksi hallitseva, muut säestävät
brevis = kaksoiskokonuotti
kenraalibasso = bassokulku merkitty nuotein, muut sävelet numeroin

Säveltapailu 3b

Vastaussivu nro 6

Teoria 3b

Vastaussivu nro 6

Musiikkisanat

meno = vähemmän
mosso = liikkuva
grazioso = sirosti
kadenssi = lopuke
subito = heti
modaalinen = kirkkosävellajit

1	agitato	kiihkeästi
2	agogiikka	esityksen tempon tai rytmin vaihtelut
3	alla breve	2/2 tahtilaji
4	alla marcia	marssin tapaan
5	allargando	leveämmin, hidastuen
6	animato	eloisasti, vilkkaasti
7	ad libitum	mielen mukaan
8	attacca	tauotta
9	brevis	kaksoiskokonuotti
10	C-avain	viittaa c1:een
11	con amore	sydämestä
12	con brio	loisteliaasti
13	con fuoco	tulisesti
14	decrescendo	hiljentyen
15	diatoninen	duuri- tai mollisäveljärjestelmä
16	dominantti	huippusävel
17	enharmoninen	esim. Cis-duuri ja Des-duuri
18	festivo	juhlallisesti
19	forzando	äkillinen korostus
20	grazioso	sirosti
21	hajasävel	sointuun kuulumaton
22	homofoninen	äänet samassa rytmissä, yksi hallitseva
23	imitaatio	jäljittely
24	kadenssi	lopuke
25	kenraalibasso	basso merkitty nuotein, muut numeroin
26	kontrapunkti	itsenäisten melodioiden yhdistäminen
27	käännös	soinnun alimpana muu kuin pohjasävel
28	loco	kumoaa oktaavisiirtomerkin vaikutuksen
29	M.M.	metronomin lyhennys
30	ma non troppo	mutta ei liikaa
31	marcato	painokkaasti
32	meno	vähemmän
33	modaalinen	kirkkosävellajit
34	modulaatio	sävellajin vaihdos
35	mosso	liikkuva
36	nyanssi	vivahde
37	ottava alta / bassa	oktaavia ylempää / alempaa
38	pizzicato	kieliä näppäillen
39	poco a poco	vähitellen
40	polyfoninen	moniääninen
41	purkaus	eteneminen dissonoivasta konsonoivaan
42	risoluto	päättävästi
43	rubato	vapaasti
44	scherzando	leikkisästi
45	simile	jatkuen samaan tapaan
46	sostenuto	pidätellen
47	spiritoso	sielukkaasti
48	subdominantti	leposävel
49	tempo primo	paluu alkuperäiseen tempoon
50	tenuto	viivyttäen
51	Toonika	perussävel
52	trilli	kahden vierekkäisen sävelen nopea vuorottelu
53	tritonus	kolme kokosävelaskelta

Notaatio

Vastaussivu 3b

Tunnista nuotit

Kirjoita nuotit

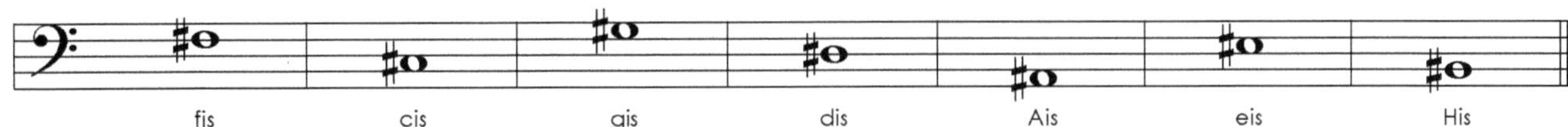

Tunnista nuotit

Kirjoita nuotit

Tunnista nuotit

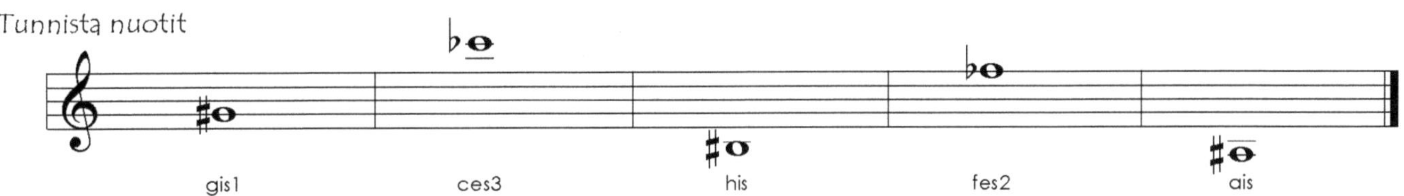

Kirjoita nuotit

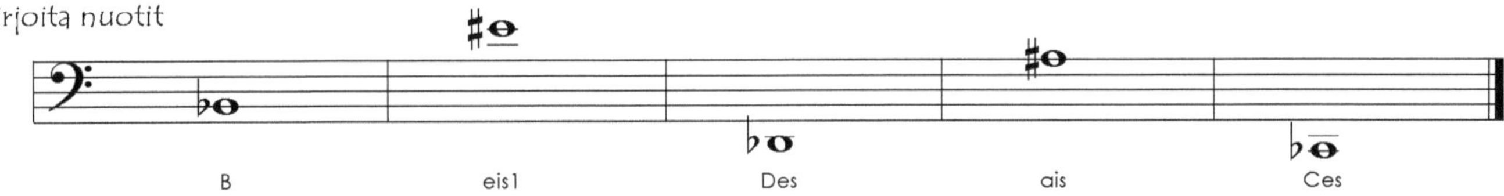

Tunnista nuotit

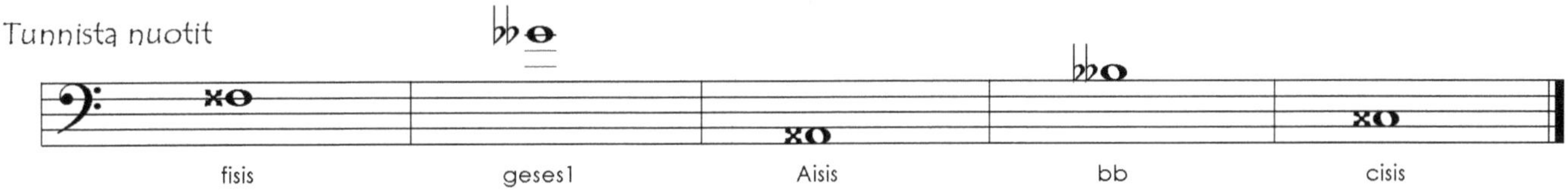

Kirjoita nuotit

Asteikot

Vastaussivu 3b

Minkä duurin ja mollin etumerkinnät

Kirjoita etumerkinnät

Tunnista asteikot

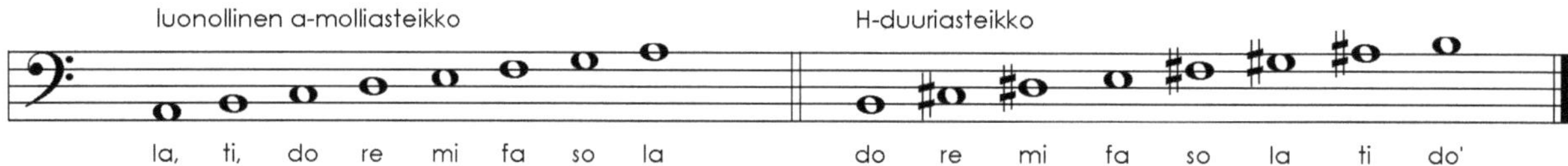

Kirjoita asteikot

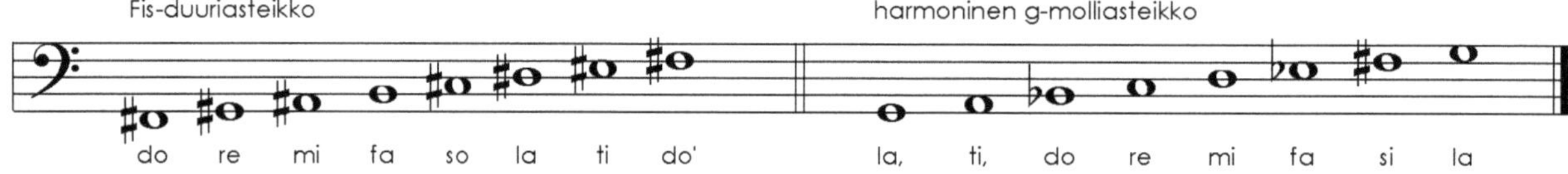

Tunnista asteikot

Kirjoita asteikot

Kirjoita etumerkinnät

Intervallit

Vastaussivu 3b

KÄÄNNÖKSET:

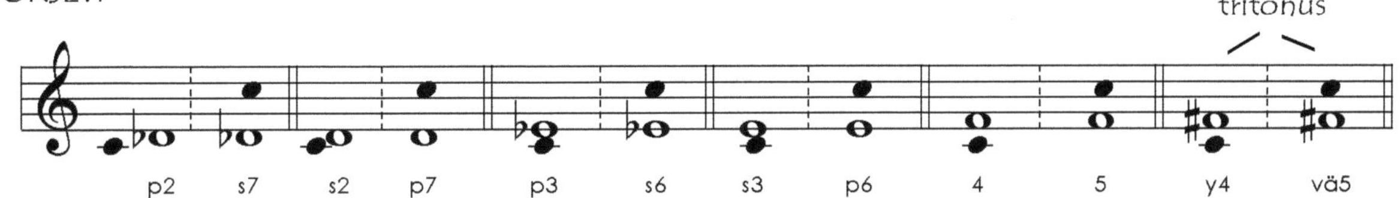

1. ryhmä: 1, 4, 5, 8   vävä < vä < pu < y < yy

2. ryhmä: 2, 3, 6, 7   vävä < vä < p < s < y < yy

TUNNISTA

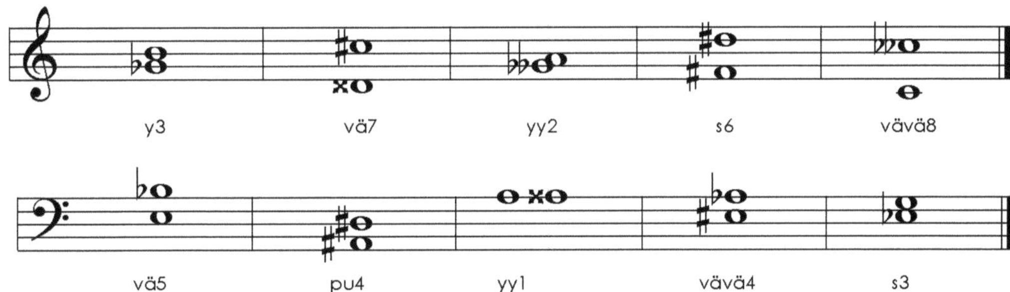

KIRJOITA YLÖSPÄIN

KIRJOITA ALASPÄIN

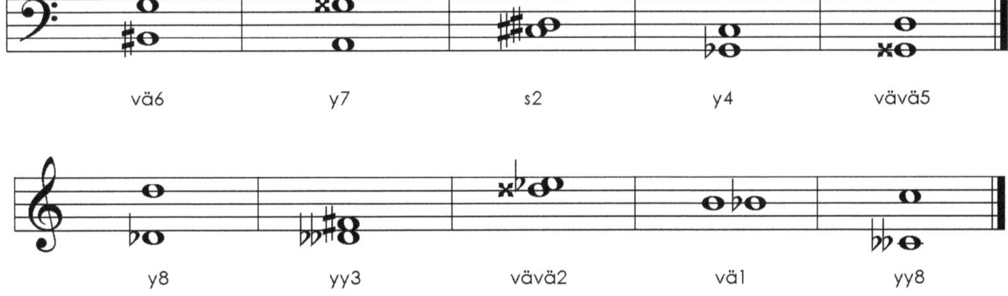

Soinnut

Vastaussivu 3b

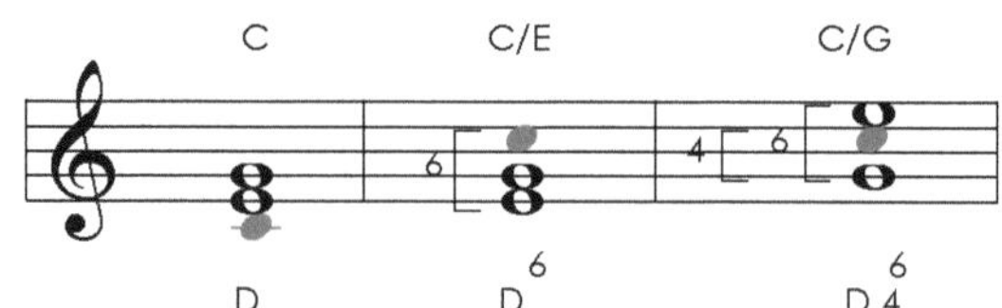

Nimeä soinnut

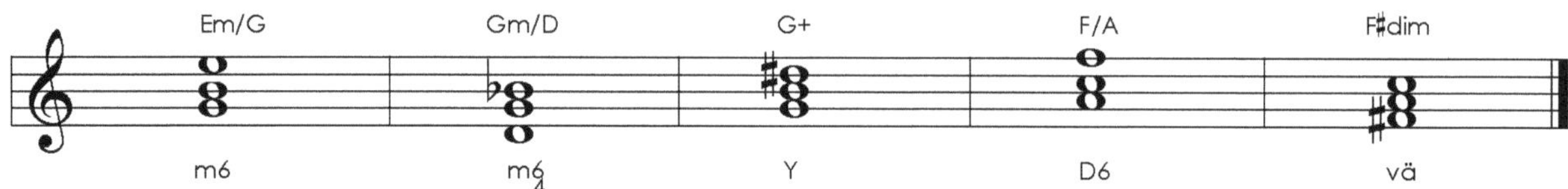

Nimeä soinnut

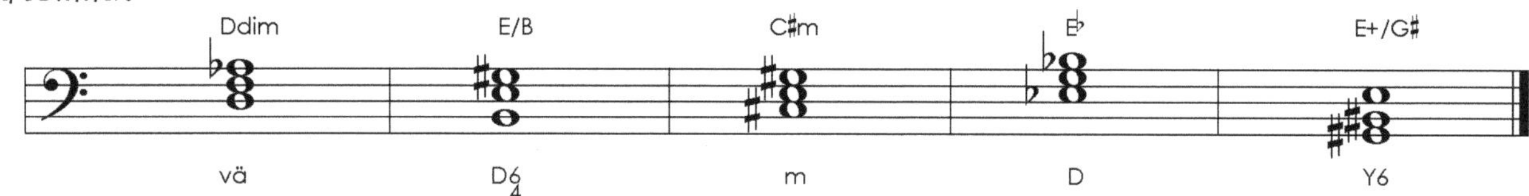

Kirjoita soinnut ylöspäin

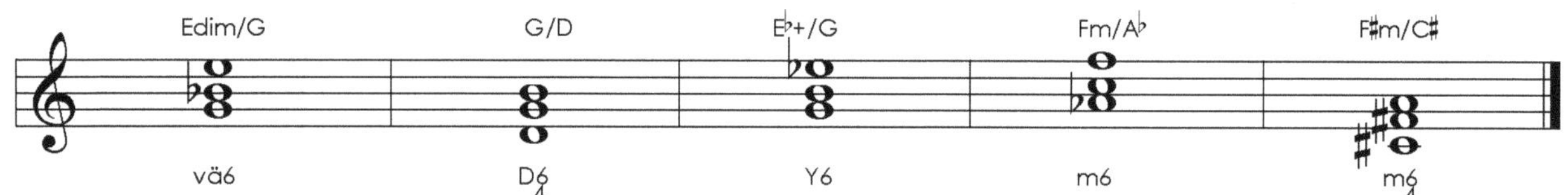

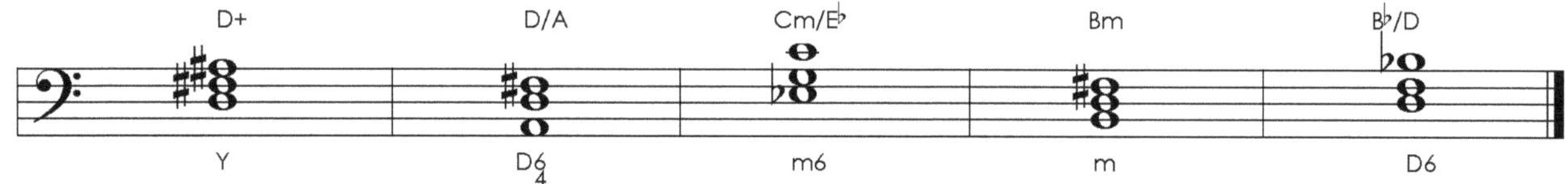

Tunnista asteet

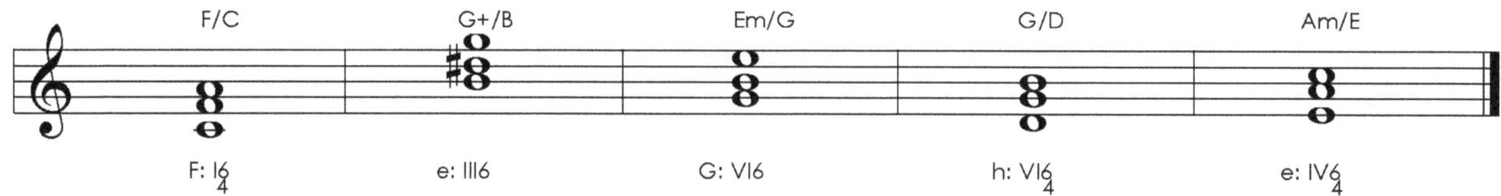

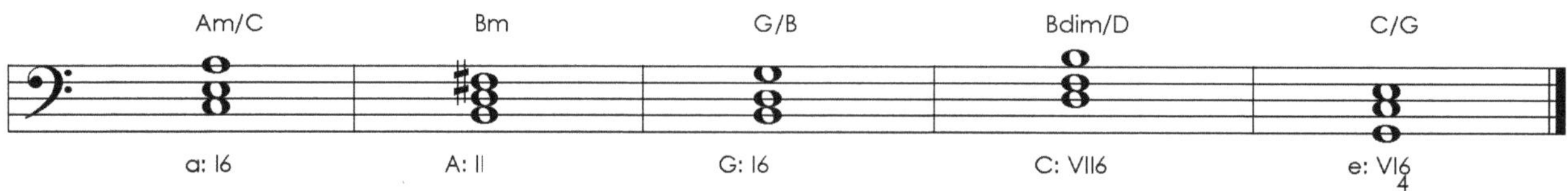

Sointuanalyysi

Vastaussivu 3b

AHDAS ASETTELU:

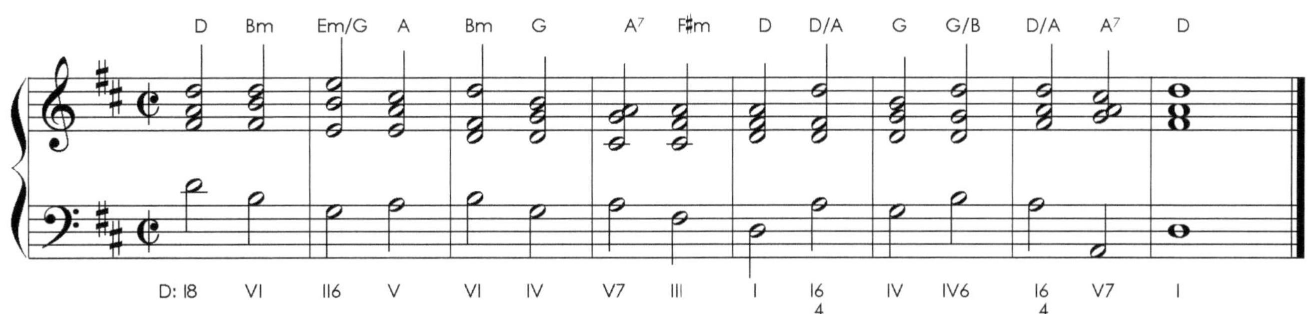

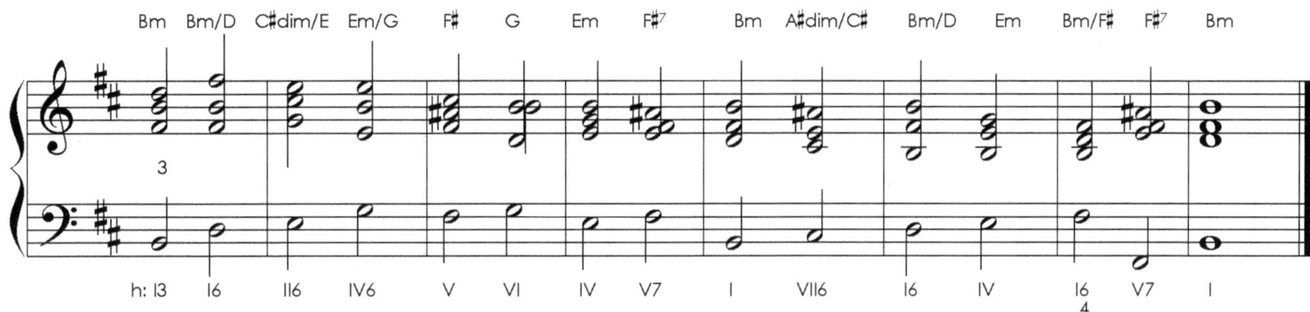

HAJALLINEN ASETTELU:

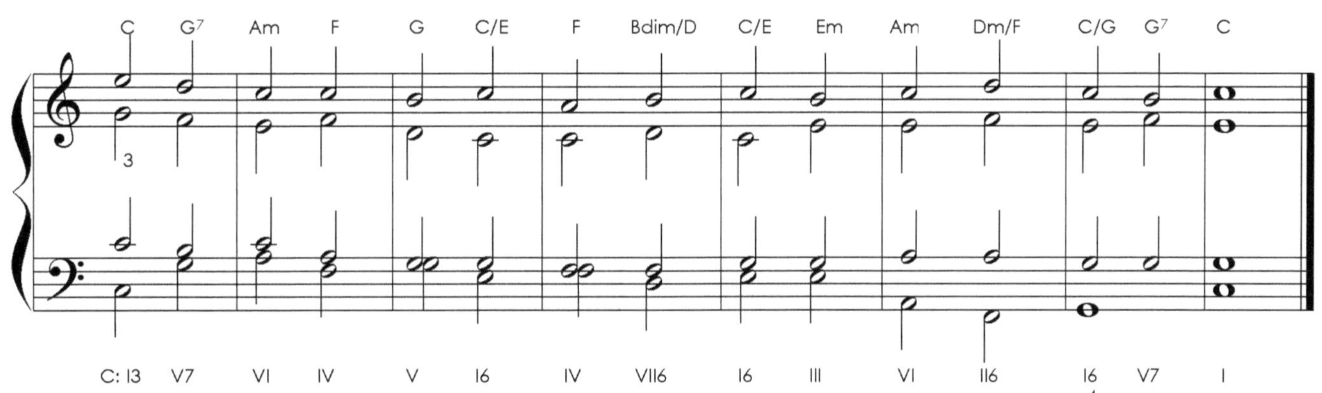

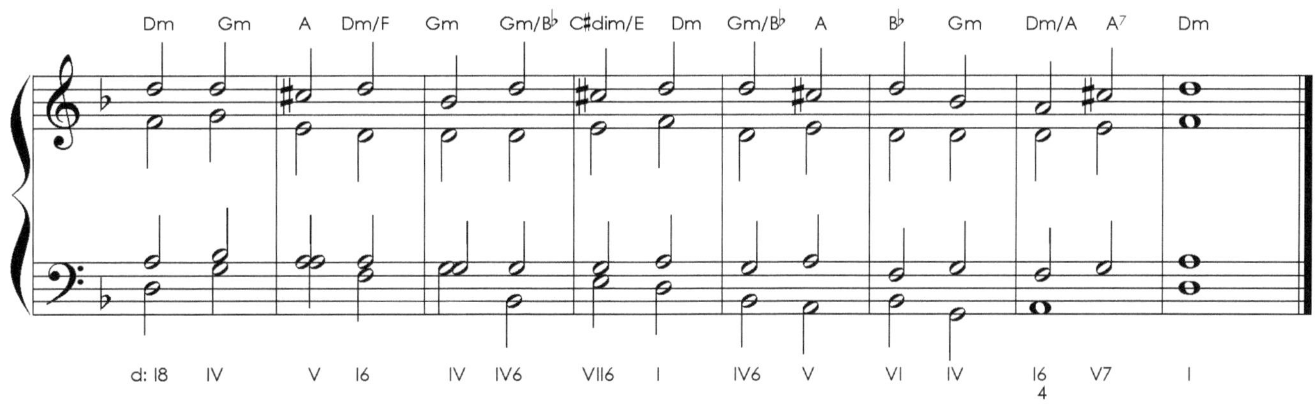

Harjoitus solfatentti

Vastaussivu pt 3b

Harjoitus teoriatentti

Vastaussivu pt 3b